PERSPECTIVAS
SOCIOLÓGICAS

FICHA CATALOGRÁFICA
(Preparada pelo Centro de Catalogação-na-fonte do Sindicato Nacional dos Editores de Livros, RJ)

B43p.	Berger, Peter L. Perspectivas sociológicas: uma visão humanística; tradução de Donaldson M. Garschagen. 33. ed. Petrópolis, Vozes, 2014. 208p. 3ª reimpressão, 2025. ISBN 978-85-326-0507-8 Bibliografia. 1. Sociologia. I. Título. II. Série.
72-0099	CDD 17ª e 18ª-301

PETER BERGER
Professor de Sociologia na New School for Social Research
Editor da Revista Social Research

PERSPECTIVAS SOCIOLÓGICAS

UMA VISÃO HUMANÍSTICA

Tradução de Donaldson M. Garschagen

Petrópolis

© 1963 by Peter L. Berger
Título do original em inglês: *INVITATION TO SOCIOLOGY,*
a Humanistic perspective

Direitos de publicação em língua portuguesa – Brasil:
1976, Editora Vozes Ltda.
Rua Frei Luís, 100
25689-900 Petrópolis, RJ
www.vozes.com.br
Brasil

Todos os direitos reservados. Nenhuma parte desta obra poderá ser
reproduzida ou transmitida por qualquer forma e/ou quaisquer meios
(eletrônico ou mecânico, incluindo fotocópia e gravação) ou arquivada em
qualquer sistema ou banco de dados sem permissão escrita da editora.

CONSELHO EDITORIAL

Diretor
Volney J. Berkenbrock

Editores
Aline dos Santos Carneiro
Edrian Josué Pasini
Marilac Loraine Oleniki
Welder Lancieri Marchini

Conselheiros
Elói Dionísio Piva
Francisco Morás
Teobaldo Heidemann
Thiago Alexandre Hayakawa

Secretário executivo
Leonardo A.R.T. dos Santos

PRODUÇÃO EDITORIAL
Anna Catharina Miranda
Eric Parrot
Jailson Scota
Marcelo Telles
Mirela de Oliveira
Natália França
Priscilla A.F. Alves
Rafael de Oliveira
Samuel Rezende
Verônica M. Guedes

Diagramação: AG.SR Desenv. Gráfico
Capa: Renan Rivero

ISBN 978-85-326-0507-8

Este livro foi composto e impresso pela Editora Vozes Ltda.

Sumário

Prefácio, 7

1. A sociologia como passatempo individual, 9

2. A sociologia como forma de consciência, 35

3. Excurso: Alternação e biografia (Ou: Como adquirir um passado pré-fabricado), 65

4. A perspectiva sociológica – O homem na sociedade, 78

5. A perspectiva sociológica – A sociedade no homem, 106

6. A perspectiva sociológica – A sociedade como drama, 137

7. Excurso: Maquiavelismo sociológico e ética (Ou: Como adquirir escrúpulos e continuar a trapacear), 167

8. A sociologia como disciplina humanística, 181

Notas bibliográficas, 195

Prefácio

Este livro foi escrito para ser lido, e não para ser estudado. Não é obra didática, nem tentativa de sistematização teórica. Ao invés disso, é um convite a um mundo intelectual que considero profundamente interessante e importante. Ao se fazer esse convite, torna-se necessário explicar que mundo é esse a que convidamos o leitor, mas que fique bem claro que, se o leitor resolver levar o convite a sério, terá de procurar um guia mais amplo que este livro.

Em outras palavras, o livro dirige-se àqueles que, por um motivo ou outro, hajam conjecturado ou feito perguntas a respeito da sociologia. Entre eles, suponho, haverá estudantes que estejam imaginando a possibilidade de se dedicar mais seriamente à sociologia, e também membros maduros daquela entidade um tanto mitológica a que se dá o nome de "público educado". Embora os sociólogos pouco encontrarão aqui que não seja de seu conhecimento, suponho que alguns deles sentir-se-ão também atraídos pelo livro, porquanto todos nós sentimos um certo prazer narcisista em olhar uma fotografia em que estejamos incluídos. Como o livro se destina a um público bastante amplo, evitei, tanto quanto possível, o jargão técnico pelo qual os sociólogos granjearam dúbia notoriedade. Ao mesmo tempo, evitei mostrar condescendência para com o leitor – não só porque acho essa atitude desagradável em si mesma, como também porque não desejo de maneira alguma convidar para esse jogo pessoas, inclusive estudantes, com as quais eu me sentisse na obrigação de me mostrar condescendente. Admito francamente que, entre as diversões acadêmicas hoje disponíveis, considero a sociologia como uma espécie de "esporte dos reis" – não se convida para um torneio de xadrez pessoas que mal sabem jogar dominó.

Um empreendimento como esse revela, inevitavelmente, os preconceitos do autor. Este é outro ponto que também precisa ser estabelecido com franqueza desde o início. Se este livro for lido por outros sociólogos, sobretudo nos Estados Unidos, será inevitável que alguns se irritem com sua orientação, desaprovem alguns de seus raciocínios e julguem que coisas que consideram importantes tenham sido omitidas. Tudo quanto posso dizer é que tentei ser fiel a uma tradição central que remonta aos clássicos do assunto e que acredito profundamente que essa tradição ainda seja válida.

Minha principal prevenção no campo foi a sociologia da religião. É possível que isto se patenteie nas ilustrações de que lanço mão, uma vez que elas me acorrem prontamente ao espírito. Além disso, contudo, tentei evitar dar ênfase a minha própria especialidade. Meu desejo foi de convidar o leitor a visitar um grande país, e não a aldeia determinada em que vivo.

Ao escrever este livro, tive de decidir entre duas alternativas: inserir milhares de notas de rodapé ou nenhuma. Preferi a última, por acreditar que pouco se ganharia dando ao livro o aspecto de um tratado germânico. No texto, são fornecidos nomes quando as ideias não formam parte do consenso amplo. Esses nomes são repetidos nos comentários bibliográficos ao fim do livro, onde o leitor encontrará também algumas sugestões de leituras complementares.

Em todas as minhas ideias sobre sociologia tenho uma imensa dívida de gratidão para com meu professor Carl Mayer. Caso ele leia este livro, acredito que encontre passagens que o façam franzir o cenho. Espero que ele não encare a concepção de sociologia aqui apresentada como um travesti demasiado impudente daquela que ele procurou transmitir a seus alunos. Num dos capítulos, opino que todas as cosmovisões sejam resultado de conspirações. O mesmo se pode dizer das concepções concernentes a uma única disciplina. Concluindo, portanto, gostaria de agradecer a três pessoas que conspiraram comigo em muitas conversões e discussões – Brigitte Berger, Hansfried Kellner e Thomas Luckmann. Mais de uma vez, nessas páginas, eles encontrarão os resultados dessas conspirações.

P.L.B.
Hartford, Connecticut

1.

A sociologia como passatempo individual

São pouquíssimas as piadas sobre sociólogos. Isto os deixa frustrados, sobretudo se eles se comparam a seus primos mais favorecidos nesse ponto, os psicólogos, que de modo geral passaram a ocupar lugar no humor americano que no passado pertenceu aos clérigos. Se uma pessoa é apresentada como psicólogo numa festa, logo se vê cercada de considerável atenção e alvo de brincadeiras de duvidoso gosto. Nas mesmas circunstâncias, um sociólogo provavelmente não despertará maior reação do que se fosse apresentado como corretor de seguros. Terá de conquistar atenção à força, como todo mundo. Isto é incômodo e injusto, mas também instrutivo. A escassez de piadas sobre sociólogos indica, evidentemente, que eles não ocupam na imaginação popular a mesma importância consignada aos psicólogos. Mas é também provável que indique a existência de uma certa ambiguidade nas imagens que deles se fazem. Por conseguinte, talvez seja interessante começarmos nossas considerações como um exame mais atento de algumas dessas imagens.

Quando se pergunta a universitários por que estão estudando sociologia, é comum ouvir "porque gosto de trabalhar com gente". Perguntando-se a esses estudantes como imaginam que será seu trabalho, depois da faculdade, frequentemente respondem que pretendem atuar no campo da assistência social. Voltaremos a este ponto adiante. Haverá outras respostas mais vagas e mais gerais, porém todas indicando que o estudante em questão prefere trabalhar com pessoas a trabalhar com coisas. Entre as ocupações mencionadas estarão trabalho com pessoal de empresas, relações humanas na indústria, relações públicas, publicidade, planejamento comunitário ou trabalho religioso como leigo. O pressuposto é que em todas essas atividades seja possível "fazer alguma coisa pelas pessoas", "ajudar pessoas", "executar um trabalho que seja útil para a comunidade". A imagem do sociólogo revelada aqui poderia ser descrita como uma versão secular do ministério protestante liberal, e o cargo de secretário da Associação Cristã de Moços talvez proporcionasse o elo de ligação entre a benevolência sagrada e a profana. A sociologia é encarada como uma variação moderna do clássico tema americano de "soerguimento". O sociólogo é visto como uma pessoa empenhada profissionalmente em atividades edificantes para benefício de indivíduos e da comunidade em geral.

Qualquer dia desses terá de ser escrito um grande romance sobre a tremenda desilusão que esse tipo de motivação está fadado a sofrer na maioria das ocupações mencionadas. Há algo de comovente e patético no destino desses altruístas que vão trabalhar com o pessoal de uma empresa e enfrentam pela primeira vez as realidades humanas de uma greve que têm de combater, de um lado das linhas de batalha selvagemente demarcadas, ou que se tornam relações públicas e descobrem o que se espera que produzam naquilo que os técnicos e peritos do ramo passaram a denominar "engenharia do consentimento" ou que ingressam em órgãos comunitários para receber um curso brutal de política de especulação imobiliária. Mas não estamos preocupados aqui com a morte da inocência, e sim com uma determinada imagem do sociólogo, uma imagem que é imprecisa e ilusória.

É claro que alguns abnegados se tornaram sociólogos. Também é verdade que um interesse benevolente pela pessoa humana possa ser o ponto de partida biográfico de estudos sociológicos. Mas é importante observar que uma atitude malévola e misantrópica poderia ser tão boa quanto a outra. Conhecimentos sociológicos são importantes para qualquer pessoa envolvida com ação na sociedade. Entretanto, tal ação não precisa ser particularmente humanitária. Atualmente, certos órgãos públicos dos Estados Unidos empregam sociólogos para planejar melhores comunidades; outros sociólogos trabalham para órgãos empenhados em varrer do mapa comunidades de nações inimigas, se e quando houver necessidade. Quaisquer que sejam as implicações morais dessas duas espécies de atividades, não há nenhum motivo pelo qual não se possa realizar interessantes estudos sociológicos em ambas. Da mesma forma, a criminologia, como um campo especial da sociologia, tem proporcionado informações valiosas a respeito do crime na sociedade moderna. Tais informações são tão valiosas para aqueles que procuram combater o crime como seriam para quem estivesse interessado em promovê-lo. O fato de a polícia empregar mais criminologistas do que os criminosos pode ser atribuído à atitude ética dos próprios criminologistas, às relações públicas da polícia e talvez à falta de refinamento científico dos criminosos. Não tem nada a ver com o caráter das informações em si. Em suma, "trabalhar com pessoas" pode significar retirá-las de favelas ou metê-las na cadeia, bombardeá-las com propaganda ou extorquir-lhes dinheiro (legal ou ilegalmente), levá-las a produzir melhores automóveis ou transformá-las em melhores pilotos de bombardeiros. Como imagem do sociólogo, portanto, a frase deixa algo a desejar, ainda que possa servir para descrever pelo menos o impulso inicial que conduz certas pessoas ao estudo da sociologia.

Cumpre fazer alguns comentários adicionais com relação a uma imagem análoga, na qual o sociólogo é visto como uma espécie de teórico do serviço social. Tal imagem é compreensível, em vista do caminho tomado pela sociologia nos Estados Unidos. Pelo menos uma das raízes da sociologia americana pode ser encontrada nas preocupações dos assistentes sociais confrontados com os enormes problemas decorrentes da Revolução Industrial – a rápida expansão das cidades e dos seus cortiços, a imigração em massa, os deslocamentos populacionais, o rompimento dos costumes tradicionais e o resultante desnorteamento das pessoas envolvidas no processo. Tais preocupações conduziram a um grande volume de pesquisa sociológica. E por isso é muito frequente que os estudantes pensem em se dedicar ao serviço social.

Na realidade, o serviço social americano tem sido muito mais influenciado pela psicologia do que pela sociologia, no desenvolvimento de sua "teoria". É bastante provável que isto esteja relacionado com o que dissemos anteriormente sobre as posições relativas da sociologia e da psicologia na imaginação popular. Há muito que os assistentes sociais vêm travando uma batalha árdua para serem reconhecidos como "profissionais" e para ganhar o prestígio, o poder – e a remuneração – que tal reconhecimento acarreta. Ao procurar um modelo "profissional" para imitar, verificaram que o mais natural era o do psiquiatra. E assim os assistentes sociais contemporâneos recebem seus "clientes" num consultório, realizam com eles "entrevistas clínicas" de cinquenta minutos, registram suas entrevistas em quatro vias e as analisam junto a uma hierarquia de "supervisores". Tendo adotado a atitude exterior do psiquiatra, era natural que também adotassem sua ideologia. Por isso, a "teoria" do serviço social americano contemporâneo consiste predominantemente numa versão um tanto expurgada da psicologia psicanalítica, uma espécie de freudianismo dos pobres que serve para legitimar a alegação dos assistentes sociais de que ajudam as pessoas de uma maneira "científica". Não estamos interessados aqui em investigar a validade "científica" dessa doutrina sintética. Nosso ponto de vista é de que ela não só tem pouquíssima relação com a sociologia, como se caracteriza, na verdade, por uma marcante obtusidade face à realidade social. A identificação da sociologia com o serviço social no espírito de muitas pessoas é de certa forma um fenômeno de "hiato cultural", que data de um período em que assistentes sociais ainda não "profissionais" lidavam com a pobreza, e não com a frustração libidinal, e o faziam sem o auxílio de um ditafone.

Entretanto, mesmo que o serviço social americano não tivesse adotado entusiasticamente a psicologia de divulgação, a imagem do sociólogo como mentor teórico do assistente social seria especiosa. O serviço social, qualquer que sejam suas bases teóricas, constitui uma certa *ação* na sociedade. A sociologia não é uma ação, e sim uma *tentativa de compreensão*. É evidente que essa compreensão pode ser de utilidade para quem age. Aliás, nossa opinião é de que um conhecimento mais profundo da sociedade seria utilíssimo ao assistente social e que lhe evitaria ter de descer às profundezas mitológicas do "subconsciente" para explicar coisas tipicamente conscientes, muito mais simples e, com efeito, de natureza *social*. Nada, porém, existe de inerente à atividade sociológica de tentar compreender a sociedade que leve necessariamente a essa ação, ou a qualquer outra. O conhecimento sociológico pode ser recomendado aos assistentes sociais, mas também a vendedores, enfermeiras, evangelistas e políticos – na verdade, a qualquer pessoa cujas metas obriguem ao trato com seres humanos, para qualquer justificação moral.

Esta concepção da atividade sociológica está implícita no enunciado clássico de Max Weber, um dos vultos mais importantes no desenvolvimento da sociologia, no sentido de que esta disciplina seja "isenta de valores". Como será necessário voltar a este ponto ainda várias vezes, talvez seja conveniente elucidá-lo melhor neste momento. É evidente que a afirmação *não* pretende dizer que o sociólogo não tenha ou que não deva ter valores. De qualquer forma, é quase impossível a um ser humano existir sem valores, ainda que, naturalmente, possa haver uma fantástica variação naquilo que se considera valores. Normalmente o sociólogo defenderá muitos valores como cidadão, pessoa, membro de um grupo religioso ou como adepto de alguma corrente de pensamento. Entretanto, dentro dos limites de suas atividades como sociólogo só existirá um valor fundamental – a da integridade científica. É claro que, mesmo aí, como ser humano, o sociólogo terá de levar em conta suas convicções, emoções e seus preconceitos. Mas faz parte de seu treinamento intelectual tentar compreender e controlar essas coisas, como *prevenções* a serem eliminadas, na medida do possível, de seu trabalho. É escusado dizer que isso nem sempre é fácil, mas que não é impossível. O sociólogo tenta ver o que existe. Poderá alimentar esperanças ou temores em relação ao que irá encontrar. Mas tentará enxergar, a despeito de suas esperanças e temores. Por conseguinte, o que a sociologia busca é um ato de percepção pura, tão pura quanto o permitem os meios humanamente limitados.

Convém, talvez, traçar uma analogia para esclarecer melhor esta questão. Em qualquer conflito político ou militar é vantajoso interceptar os informes dos órgãos de informações do lado oposto. Mas isto só poderá ocorrer quando as boas informações consistirem em informes isentos de preconceitos. Se um espião elabora seu relatório em termos da ideologia e das ambições de seus superiores, esse relatório será inútil não só para o inimigo, se este vier a capturá-los, como também para o próprio lado do espião. Já se disse que uma das deficiências dos dispositivos de espionagem dos países totalitários está no fato de os espiões informarem não o que descobrem, e sim o que seus superiores desejam ouvir. Isto, evidentemente, é má espionagem. O bom espião informa o que existe. Caberá a outros decidir o que deve ser feito em decorrência das informações por ele prestadas. Um sociólogo é um espião quase que no mesmo sentido. Sua função consiste em prestar informações, tão exatas quanto possível, a respeito de um determinado terreno social. A outras pessoas, ou a ele próprio, num outro papel que não o de sociólogo, caberá decidir quais as manobras a serem executadas naquele terreno. Queremos acentuar que, ao dizer isto, *não* estamos afirmando que ao sociólogo não caiba a responsabilidade de se inteirar das metas de seus empregadores ou da utilização que darão a seu trabalho. No entanto, esse interesse de saber o que vai acontecer com seu trabalho não é um interesse sociológico. Consiste no mesmo interesse que qualquer homem deve ter acerca de suas ações na sociedade. Da mesma forma, o conhecimento de biologia pode ser empregado para curar ou para matar. Isto não significa que o biólogo esteja isento de responsabilidade quanto ao uso que será dado a seu trabalho. Mas ao se indagar sobre esta responsabilidade, ele não está fazendo uma indagação biológica.

Outra imagem do sociólogo, relacionada com as duas já analisadas, é aquela do reformador social. Também esta imagem tem raízes históricas, não só nos Estados Unidos como também na Europa. Auguste Comte, o filósofo francês do começo do séc. XVII que inventou o nome da disciplina, encarava a sociologia como a doutrina do progresso, sucessora secularizada da teologia como senhora das ciências. Segundo seu ponto de vista, o sociólogo desempenha o papel de árbitro de todos os ramos do saber benéficos ao homem. Mesmo quando depurada de suas pretensões mais fantásticas, essa ideia afetou especialmente o desenvolvimento da sociologia francesa. Mas também repercutiu nos Estados Unidos; como exemplo disto, basta lembrar que, nos primórdios da sociologia americana, alguns discípulos ultramarinos de Comte propuseram seriamente num memorando ao presidente da Universidade Brown que todos os departamentos da universidade fossem subordinados ao departamento de sociologia. Haverá hoje em dia pouquíssimos sociólogos (e provavelmente nem um só nos Estados Unidos) que tenham esta concepção sobre seu papel. Entretanto, uma parte dela ainda sobrevive, e volta e meia espera-se que os sociólogos apareçam com esquemas de reforma de questões sociais.

É gratificante a certos julgamentos de valor (inclusive alguns que também são meus) que em várias ocasiões conceitos sociológicos tenham servido para melhorar a sorte de grupos de seres humanos, seja revelando condições moralmente chocantes, destruindo ilusões coletivas ou demonstrando que resultados socialmente convenientes poderiam ser obtidos de maneira mais humanitária. Poder-se-ia apontar, por exemplo, algumas aplicações de conhecimentos sociológicos às normas penológicas dos países ocidentais.

Ou se poderia mencionar a utilização de estudos sociológicos na sentença da Corte Suprema, em 1954, referente à integração racial nas escolas públicas. Ou se poderia examinar a aplicação de outros estudos sociológicos ao planejamento de redesenvolvimentos urbanos levando-se em conta interesses humanos. É evidente que o sociólogo sensível a questões morais e políticas se sentirá gratificado diante desses exemplos. Mais uma vez, porém, convém ter em mente que tais ocasiões não constituem exemplos de compreensão sociológica, e sim de aplicações dessa compreensão. Não é difícil imaginar que a mesma compreensão poderia ser aplicada visando a fins antagônicos. A compreensão sociológica da dinâmica do preconceito racial pode ser aplicada tanto pelos que buscam fomentar o ódio inter-racial como pelos que desejam pregar a tolerância. E a compreensão sociológica da natureza da solidariedade humana pode ser aplicada a serviço de regimes totalitários ou de regimes democráticos. Os mesmos processos geradores de consenso podem ser manipulados por um assistente social num acampamento de férias de estudantes e por funcionário comunista incumbido de aplicar lavagem cerebral a prisioneiros num campo de concentração na China. Admite-se que um sociólogo pode às vezes ser convocado para assessorar a modificação de certas condições sociais tidas como inconvenientes. Mas a imagem do sociólogo como reformador social é tão falsa quanto sua imagem como assistente social.

Se todas essas imagens do sociólogo traem um "hiato cultural", podemos voltar-nos agora para certas imagens mais recentes, e que se reportam a evoluções mais recentes da disciplina. Uma dessas imagens é a do sociólogo como coletor de estatísticas sobre comportamento humano. Nesse caso, o sociólogo é encarado essencialmente como um ajudante de ordens de um computador IBM. Ele sai à rua com um questionário, entrevista pessoas colhidas ao acaso, volta para casa, registra suas verificações numa pilha de cartões perfurados e depois os introduz numa máquina. Para tudo isto, evidentemente, ele conta com o apoio de um grande quadro de pessoal auxiliar e de um enorme orçamento. Nesta imagem está implícita a ideia de que os resultados de todo este esforço são mínimos, uma reiteração formalista daquilo que todo mundo já sabe. Como um observador comentou incisivamente, um sociólogo é um sujeito que gasta 100.000 dólares para descobrir o caminho de uma casa de tolerância.

Esta imagem do sociólogo tem sido fortalecida no espírito do público pelas atividades de muitos órgãos que poderiam ser chamados de parassociólogos, sobretudo de órgãos que tratam de opinião pública e tendências do mercado. O pesquisador de opinião pública tornou-se uma figura bastante conhecida na vida americana, um cidadão que importuna as pessoas para saber suas opiniões sobre política exterior e papel higiênico. Como os métodos utilizados na pesquisa de opinião pública apresentam estreita semelhança com a pesquisa sociológica, é compreensível o surgimento dessa imagem do sociólogo. É provável que os estudos de Kinsey a respeito da conduta sexual americana tenham reforçado o impacto dessa imagem. Segundo ele, a pergunta fundamental feita pela sociologia, quer se trate de afagos pré-maritais, eleição de candidatos republicanos ou incidência de mortes a punhaladas entre quadrilhas, é sempre "quantas vezes?" ou "quantas?" Vale lembrar, aliás, que as raras piadas sobre sociólogos estão relacionadas a esta imagem estatística (as piadas propriamente ditas podem ser deixadas a cargo da imaginação do leitor).

É preciso admitir, ainda que a contragosto, que essa imagem do sociólogo e de sua atividade não é inteiramente fantasiosa; logo depois da Primeira Guerra Mundial, a sociologia americana afastou-se resolutamente da teoria, em favor de uma intensa preocupação com estudos empíricos de limites bastante estreitos. Em decorrência dessa mudança de direção, os sociólogos aperfeiçoaram cada vez mais suas técnicas de pesquisa. Era muito natural que, entre tais técnicas, se destacasse a estatística. Desde mais ou menos meados da década de 40 tem ocorrido um renascimento do interesse pela teoria sociológica, e há fortes indícios de que esta tendência de renúncia a um estreito empirismo continue a ganhar ímpeto. É verdade, não obstante, que boa parte da atividade sociológica nos Estados Unidos continua a consistir em pequenos estudos de fragmentos obscuros da vida social, irrelevantes para qualquer interesse mais amplo. Um exame rápido do sumário das principais publicações de sociologia ou da lista de trabalhos apresentados em convenções de sociologia confirmará o que dizemos.

A estrutura política e econômica da universidade americana estimula isto – e não apenas no campo da sociologia. Os colégios e universidades são normalmente administrados por pessoas ocupadíssimas que dispõem de pouco tempo ou inclinação para mergulhar nos resultados esotéricos do trabalho de seus eruditos empregados. No entanto, esses administradores são convocados para tomar decisões sobre contratação e demissão, promoção ou período de trabalho de membros do corpo discente. Quais critérios devem usar nessas decisões? Não se pode esperar que leiam o que os professores escrevem, uma vez que lhes falta tempo para isto e, sobretudo no caso das disciplinas mais técnicas, carecem das necessárias qualificações para julgar o material. As opiniões dos colegas imediatos dos professores em questão são suspeitas *a priori* – via de regra, a instituição acadêmica é uma selva de lutas violentas entre facções, de nenhuma das quais se pode esperar um julgamento objetivo, seja por parte dos membros de seu próprio grupo ou do grupo adversário. Pedir a opinião dos estudantes seria um procedimento ainda mais equívoco. Assim, os administradores têm diante de si opções igualmente insatisfatórias. Podem basear-se no princípio de que a instituição constitua uma família una e feliz, na qual cada um de seus membros sobe continuamente a escada do *status*, sem considerações de mérito. Isto já foi tentado com bastante frequência, mas se torna cada vez mais difícil numa era em que se compete pela atenção do público e pelas verbas das fundações. Outra opção consiste em confiar no conselho de um grupo, escolhido segundo um critério mais ou menos racional. Isto acarreta óbvias dificuldades políticas para o administrador de um grupo cronicamente defensivo com relação à sua independência. A terceira opção, a mais comum atualmente, consiste em recorrer ao critério de produtividade, como o usado no mundo do comércio e da indústria. Como é dificílimo julgar a produtividade de um professor cujo campo de atividade não se conhece bem, deve-se de alguma forma tentar descobrir como esse professor é visto por colegas de seu próprio campo e que estejam livres de preconceitos. Parte-se então do princípio de que essa aceitabilidade pode ser inferida pelo número de livros ou ensaios do tal professor que os editores de obras especializadas estejam dispostos a aceitar. Isto obriga os professores a se concentrar num trabalho que possa ser rápida e facilmente convertido num artiguete capaz de ser aceito por uma publicação especializada. Para os sociólogos, isto significa um estudozinho empírico de um tópico de limites bastante reduzidos. Na maioria dos casos, tais estudos exigirão a aplicação de técnicas estatísticas. Como a maioria das publicações do setor suspeitam de artigos que não contenham pelo menos algumas tabelas estatísticas, isto constitui outro estímulo a esta tendência. E assim, jovens sociólogos perdidos em alguma instituição do interior, e ansiando galgar ao meio mais prestigioso das grandes universidades, proporcionam um fluxo contínuo de pequenos estudos estatísticos dos hábitos de namoro de seus alunos, das opiniões políticas da população local ou do sistema de classe de alguma vila não muito distante da instituição em que trabalham. Vale acrescentar que isto não é tão difícil de fazer quanto possa parecer a algum principiante, uma vez que os requisitos rituais são bem conhecidos pelos interessados. Como consequência, uma pessoa sensata, ao pagar uma publicação especializada, vai direto às resenhas de livros novos e à seção de obituários, e só frequenta as reuniões de sociólogos se estiver à procura de emprego ou tiver outros interesses extracientíficos.

Por conseguinte, a proeminência de técnicas estatísticas na sociologia contemporânea americana desempenha certas funções rituais facilmente compreensíveis em vista do sistema de poder dentro do qual a maioria dos sociólogos têm de fazer carreira. Na verdade, essa maioria de sociólogos tem pouco mais que um conhecimento rudimentar de estatística, tratando-a com a mesma mistura de temor respeitoso, ignorância e tímida manipulação com que um pobre pároco de aldeia trataria as poderosas cadências latinas de teologia tomista. Entretanto, compreendido isto, que fique bem claro que a sociologia não deve ser avaliada por essas aberrações; e nesse caso uma pessoa se torna, por assim dizer, sociologicamente bem-informado sobre a sociologia, capacitada a olhar além dos sinais exteriores à procura das graças que eles possam ocultar.

Por si só, dados estatísticos não constituem sociologia. Só se tornam sociologia quando sociologicamente interpretados, quando situados dentro de um quadro teórico de referência que seja sociológico. A simples contagem, ou mesmo a correlação de diferentes coisas contadas, não é sociologia. Não há praticamente nenhuma sociologia nos relatórios Kinsey. Isto não significa que os dados apresentados nesses estudos não sejam verdadeiros ou que não possam ser relevantes para o entendimento sociológico. Eles constituem, isoladamente, matéria-prima passível de ser utilizada em interpretação sociológica. Contudo, essa interpretação deve ser mais ampla do que os próprios dados. Por isso, o sociólogo não pode ficar preso às tabulações de frequência de coitos pré-maritais ou de pederastia extramarital. Para ele, esses números só têm validade em termos de suas implicações, muito mais amplas, para a compreensão das instituições e dos valores de nossa sociedade. Para chegar a essa compreensão, o sociólogo terá muitas vezes de aplicar técnicas estatísticas, sobretudo ao tratar dos fenômenos de massa da moderna vida social. Mas a sociologia consiste em estatísticas, tanto quanto a filologia consiste em conjugar verbos irregulares ou a química consiste em produzir cheiros nauseabundos em tubos de ensaio.

Outra imagem do sociólogo, bastante próxima à imagem do sociólogo-estatístico, é aquela que o encara como um homem ocupado fundamentalmente em criar uma metodologia científica que ele possa mais tarde aplicar aos fenômenos humanos. Com muita frequência, esta é a imagem que têm dos sociólogos as pessoas que se dedicam às Humanidades, sendo apresentada como prova de que a sociologia é uma forma de barbarismo intelectual. Um aspecto comum dessa crítica à sociologia por parte dos beletristas é um virulento comentário sobre o jargão exótico em que é vazada grande parte dos trabalhos sociológicos. É óbvio que, à guisa de contraste, o cidadão que faz essas críticas se arvora em guardião das tradições clássicas do saber humano.

Seria perfeitamente possível responder tal crítica com um argumento *ad hominem*. A barbárie intelectual parece distribuir-se de maneira bastante regular nas principais disciplinas que tratam do fenômeno "homem". Contudo, como não é elegante discutir *ad hominem*, admitiremos prontamente que, realmente, muita coisa que hoje passa como sociológica pode ser com toda justiça chamada de bárbaro, entendendo-se esta palavra no sentido de ignorância de história e filosofia, especialização estreita e sem horizontes mais largos, preocupação com conhecimentos técnicos e total insensibilidade para com os usos da linguagem. Aliás, esses próprios elementos podem ser compreendidos sociologicamente em termos de certas características da vida acadêmica contemporânea. A competição por prestígio e empregos em campos que se tornam cada vez mais complexos obriga a uma especialização que, com muita frequência, conduz a uma lamentável estreiteza de interesses. Mas também não seria correto identificar a sociologia com essa tendência intelectual muito mais generalizada.

Desde sua primeira hora, a sociologia tem-se considerado uma ciência. Tem havido muita controvérsia a respeito do sentido exato dessa autodefinição. Por exemplo, os sociólogos alemães têm salientado a diferença entre as ciências sociais e as naturais com muito mais vigor que seu colegas franceses ou americanos. Em toda parte, porém, a fidelidade dos sociólogos ao *ethos* científico tem significado disposição de obedecer a certos cânones científicos de conduta. Se o sociólogo permanece fiel à sua vocação, deve ter chegado a seus enunciados através da observação de certas regras que permitam a outras pessoas verificar, repetir ou estender suas descobertas. É esta disciplina científica que amiúde proporciona a motivação para a leitura de um trabalho sociológico ao invés de, digamos, um romance sobre o mesmo assunto, o qual poderia descrever as coisas numa linguagem muito mais expressiva e convincente. À medida que os sociólogos tentavam criar suas regras científicas de verificação, foram compelidos a refletir sobre problemas metodológicos. É por isso que a metodologia constitui parte necessária e válida da atividade sociológica.

Ao mesmo tempo, porém, é verdade que alguns sociólogos, sobretudo nos Estados Unidos, têm-se preocupado tanto com questões metodológicas que deixaram de dar a mínima importância à sociedade. Em virtude disto, nada encontraram de importante em qualquer aspecto da vida social, uma vez que na ciência, tanto quanto no amor, uma concentração na técnica frequentemente conduz à impotência. Grande parte dessa fixação em aspectos metodológicos pode ser explicada em termos da pressa de uma disciplina relativamente nova para ser aceita no ambiente acadêmico. Uma vez que a ciência é uma entidade quase sagrada para os americanos em geral, e para os acadêmicos americanos em particular, o desejo de imitar os métodos das ciências, mais antigas, é fortíssimo entre os recém-chegados ao mercado da erudição. Cedendo a este desejo, os psicólogos experimentais, por exemplo, levaram seus métodos a tal grau que comumente seus estudos não têm nenhuma relação com qualquer coisa que os seres humanos sejam ou façam. Contudo, é irônico notar que os próprios cientistas naturais vêm renunciando ao dogmatismo positivista que seus êmulos ainda se esforçam por adotar. Mas não trataremos disto aqui. Bastará dizer que os sociólogos lograram evitar alguns dos exageros mais grotescos desse "metodismo", em comparação com os cultores de outras disciplinas correlatas. À medida que firmarem melhor seu *status* acadêmico, é de esperar que esse complexo de inferioridade metodológica diminua ainda mais.

A acusação de que muitos sociólogos escrevem num dialeto bárbaro também deve ser admitida, com ressalvas semelhantes. Qualquer disciplina científica tem de criar uma terminologia. Isto é evidente no caso de uma disciplina como, digamos, a física nuclear, que trata de coisas desconhecidas pela maioria das pessoas e para as quais não existem nomes na linguagem comum. Entretanto, é possível que a terminologia seja ainda mais importante para as ciências sociais, exatamente porque seus temas *são* familiares e porque *existem* palavras para designá-los. Como conhecemos bem as instituições sociais que nos cercam, percebemo-las de uma maneira imprecisa e muitas vezes errônea. Da mesma forma, a maioria das pessoas terá considerável dificuldade para fazer uma descrição acurada de seus pais, maridos ou esposas, filhos ou amigos íntimos. Além disso, nossa linguagem é muitas vezes (e talvez felizmente) vaga e imprecisa em suas referências à realidade social. Tomemos como exemplo o conceito de *classe*, importantíssimo em sociologia. Na linguagem cotidiana, esse termo deve ter dezenas de significados – faixas de rendimentos, raças, grupos étnicos, grupos de poder, quocientes de inteligência e muitos outros. É irretorquível que o sociólogo tem de dispor de uma definição precisa, sem ambiguidades, para que seu trabalho possua algum grau de rigor científico. Em vista disso, é compreensível que alguns sociólogos hajam tentado inventar palavras inteiramente novas a fim de evitar as armadilhas semânticas do uso vernáculo. Diríamos, então, que alguns desses neologismos eram necessários. Contudo, também diríamos que quase tudo em sociologia pode ser dito em linguagem inteligível, mediante pequeno esforço e que grande parte do jargão sociológico contemporâneo pode ser visto como uma constrangida mistificação. Entretanto, também nesse ponto encontramos um fenômeno intelectual que atinge outros campos. É possível que haja uma ligação com a forte influência da vida acadêmica alemã numa fase inicial do desenvolvimento das universidades americanas. A profundidade científica era aquilatada pela altissonância da linguagem científica. Se a prosa científica só fosse inteligível para o exíguo círculo de iniciados, isto constituía *ipso facto* prova de sua respeitabilidade científica. Grande parte das obras científicas americanas até hoje parecem uma tradução do alemão. Infelizmente. Contudo, isto tem pouca relação com a legitimidade da atividade sociológica propriamente dita.

Finalmente, há uma imagem do sociólogo que diz respeito não à sua função profissional, mas sobretudo ao fato de ele ser, supostamente, um determinado tipo de pessoa. Trata-se da imagem do sociólogo como um observador impessoal e sardônico, um frio manipulador de homens. O fato de existir essa imagem talvez represente um irônico triunfo dos esforços do próprio sociólogo no sentido de ser aceito como um verdadeiro cientista. Aqui, o sociólogo torna-se o homem superior por indicação própria, distanciado da cálida vitalidade da existência comum, buscando prazer não em viver, e sim em avaliar as vidas alheias, classificando-as em categorias mesquinhas, e assim presumivelmente deixando de apreender o significado real daquilo que observa. Além disso, há a ideia de que, quando se digna a envolver-se pessoalmente em processos sociais, o sociólogo o faz como um técnico impessoal, colocando suas qualificações como manipulador à disposição dos poderes existentes.

É provável que esta última imagem não seja muito comum. É observada principalmente em pessoas que se preocupam, por motivos políticos, com abusos reais ou possíveis da sociologia nas sociedades modernas. Não há muito o que dizer a respeito dessa imagem à guisa de refutação. Como retrato geral do sociólogo contemporâneo constitui, evidentemente, grosseira distorção, sendo difícil encontrar hoje em dia indivíduos a quem esse retrato faça justiça.

Não obstante, o problema do papel político do cientista social existe realmente. Por exemplo, a utilização de sociólogos por certos setores da indústria e do governo suscita questões morais que devem ser debatidas mais amplamente do que têm sido até agora. Entretanto, estamo-nos referindo a questões morais que atingem todas as pessoas que ocupam posições de responsabilidade na sociedade moderna. A imagem do sociólogo como um observador implacável e manipulador desapiedado não nos deve deter mais neste ponto. De modo geral, a história produz pouquíssimos Talleyrands. Com relação aos sociólogos contemporâneos, a maioria deles careceria do equipamento emocional para tal papel, mesmo que por ele ansiassem em momentos de febricitante fantasia.

Como então devemos conceber o sociólogo? Ao analisar as várias imagens que prevalecem no espírito popular, já salientamos certos elementos que teriam de fazer parte de nossa concepção. Podemos agora juntá-los. Ao assim proceder, construiremos aquilo que os próprios sociólogos chamam de "tipo ideal", o que significa que aquilo que delinearemos não será encontrado realmente em sua forma pura. Ao invés disso, encontrar-se-ão aproximações e desvios desse tipo ideal, em graus variados. Tampouco esse tipo ideal deve ser entendido como uma média empírica. Nem mesmo diríamos que todos os indivíduos que hoje se denominam sociólogos se identifiquem sem reservas com nossa concepção, nem contestaríamos o direito desses indivíduos de se considerarem sociólogos. Não nos cabe excomungar ninguém. Entretanto, diríamos que nosso "tipo ideal" corresponde à autoconcepção da maioria dos sociólogos, tanto historicamente (pelo menos neste século) quanto hoje.

O sociólogo, então, é uma pessoa que se ocupa de compreender a sociedade de uma maneira disciplinada. Essa atividade tem uma natureza científica. Isto significa que aquilo que o sociólogo descobre e afirma a respeito dos fenômenos sociais que estuda ocorre dentro de um certo quadro de referência de limites rigorosos. Uma das principais características desse quadro de referência científico está no fato de as operações obedecerem a certas regras de verificação. Como cientista, o sociólogo tenta ser objetivo, controlar suas preferências e preconceitos pessoais, perceber claramente ao invés de julgar normativamente. É claro que essa restrição não atinge a totalidade da existência do sociólogo como ser humano, limitando-se às suas operações *enquanto* sociólogo. Tampouco pretende o sociólogo que seu quadro de referência seja o único dentro do qual a sociedade pode ser examinada. Aliás, pouquíssimos cientistas afirmariam hoje que só se deve olhar o mundo cientificamente. O botânico que examina um narciso não tem nenhum motivo para contestar o direito do poeta de olhar a flor de uma maneira muito diferente. Há muitas maneiras de jogar o jogo. A questão não está em negar os jogos de outras pessoas, e sim em ter-se uma ideia clara das regras do próprio jogo. Por conseguinte, o jogo do sociólogo emprega regras científicas. Em consequência disto, o sociólogo deve ter uma ideia bem clara quanto ao significado dessas regras. Isto é, deve-se ocupar de questões metodológicas. A metodologia não constitui sua meta, a qual, vale apenas repetir, consiste na tentativa de compreender a sociedade. A metodologia o ajuda a atingir essa meta. Visando compreender a sociedade, ou o segmento da sociedade que ele estiver estudando no momento, o sociólogo lançará mão de vários meios. Entre eles estarão as técnicas estatísticas. A estatística pode ser da maior utilidade na solução de certos problemas sociológicos. Entretanto, estatística não é sociologia. Como cientista, o sociólogo terá de atentar ao significado exato dos termos que utilizar, ou seja, terá de ter cuidado com a terminologia. Isto não significa que ele tenha de inventar uma linguagem toda própria, e sim que não poderá usar ingenuamente a linguagem cotidiana. Finalmente, o interesse do sociólogo é essencialmente teórico. Isto é, ele está interessado em compreender. Poderá estar ciente ou até mesmo envolvido com a aplicabilidade e consequências práticas de suas conclusões, mas nesse ponto ele abandona o quadro de referência e passa-se para domínios de valores, convicções e ideias que partilha com outros homens, não sociólogos.

Acredito que essa concepção do sociólogo seja de maneira geral aprovada. Mas gostaríamos de ir um pouco além, e colocar uma pergunta um pouco mais pessoal (e por isso mesmo, sem dúvida, mais polêmica). Gostaríamos de perguntar não só o que o sociólogo faz, como também o que é que o impele a fazê-lo. Ou, usando a frase que Max Weber utilizou num caso semelhante, gostaríamos de investigar um pouco a natureza do demônio do sociólogo. Ao assim proceder, evocaremos uma imagem que não constituirá igualmente um tipo ideal no sentido acima, mas que será mais confessional, como sentido de comprometimento pessoal. Também aqui não estamos interessados em excomungar ninguém. O jogo da sociologia transcorre num campo bastante espaçoso. Estamos apenas descrevendo um pouco mais de perto aqueles que gostaríamos de atrair para nosso jogo.

Diríamos então que o sociólogo (isto é, aquele que realmente gostaríamos de convidar para nosso jogo) é uma pessoa intensa, interminável, desavergonhadamente interessada nos atos dos homens. Seu *habitat* natural consiste em todos os lugares de reunião humana, todo lugar em que homens se juntem. O sociólogo poderá estar interessado em muitas outras coisas. Mas seu interesse dominante será o mundo dos homens, suas instituições, sua história, suas paixões. E como ele se interessa por homens, nada que os homens façam poderá ser totalmente tedioso para ele. Ele se interessará naturalmente pelos fatos que cativam as convicções supremas dos homens, seus momentos de tragédia, de grandeza e de êxtase. Mas também se sentirá fascinado pelo trivial, pelo cotidiano. Conhecerá a reverência, mas ela não o impedirá de querer ver e entender. Poderá às vezes sentir repugnância e desprezo. Mas isso não o afastará da resolução de encontrar respostas para suas perguntas. Em sua busca de conhecimento, o sociólogo caminha pelo mundo dos homens, sem respeitar as fronteiras costumeiras. Tanto a nobreza quanto a degradação, o poder e a obscuridade, a inteligência e a insensatez lhe são igualmente *interessantes*, por mais díspares que sejam as posições que ocupem em sua escala pessoal de valores ou em seu gosto. Assim, suas perguntas poderão conduzi-lo a todos possíveis níveis da sociedade, aos lugares mais notórios e aos menos conhecidos, aos mais respeitados e aos mais desprezados. E se ele for um bom sociólogo ele estará presente em todos esses lugares porque suas próprias perguntas o obcecaram a tal ponto que lhe resta pouca alternativa senão procurar as respostas.

Seria possível dizer as mesmas coisas num tom menos nobre: apesar de seu grave título, o sociólogo é o homem que tem de ouvir mexericos, menos a contragosto, o homem que sente tentação de olhar através de buracos de fechadura, ler correspondência alheia, abrir armários fechados. Antes que algum psicólogo desocupado resolva por isso a criar um teste de aptidão para a sociologia, com base num *voyeurismo* sublimado, convém acrescentar rapidamente que estamos apenas traçando uma analogia. É possível que garotinhos que morram de curiosidade por espiar as tias no banheiro, mais tarde se tornem inveterados sociólogos. Mas isto não tem nenhum interesse. O que nos interessa é a curiosidade de que é tomado qualquer sociólogo diante de uma porta fechada atrás da qual se ouçam vozes humanas. Se ele for um bom sociólogo, desejará abrir aquela porta, compreender aquelas vozes. Por trás de cada porta fechada ele imaginará uma nova faceta de vida humana ainda não percebida nem entendida.

O sociólogo se ocupará de assuntos que outras pessoas possam considerar demasiado sagrados ou demasiado repulsivos para uma investigação desapaixonada. Encontrará satisfação na companhia de sacerdotes e de prostitutas, dependendo não só de suas preferências pessoais, como também das perguntas que ele estiver fazendo no momento. Ocupar-se-á também de assuntos que outras pessoas possam julgar demasiado enfadonhos. Estará interessado nas interações humanas que acompanham a guerra ou as grandes descobertas intelectuais, mas também nas relações entre os empregados de um restaurante ou entre um grupo de meninas brincando com suas bonecas. Sua atenção principal não se volta para o significado final daquilo que os homens fazem, mas para a ação em si, como outro exemplo da infinita riqueza do comportamento humano. Tanto basta com relação à imagem de nosso companheiro de jogo.

Nessas viagens através do mundo dos homens, o sociólogo inevitavelmente se encontrará com outros bisbilhoteiros profissionais, que às vezes se sentirão melindrados com sua presença, julgando que ele esteja penetrando em suas propriedades particulares. Às vezes o sociólogo se encontrará com o economista, às vezes com o cientista político, e mais adiante com o psicólogo ou o etnólogo. No entanto, é provável que as indagações que o levaram a esses mesmos lugares sejam diferentes das que motivaram esses outros bisbilhoteiros. As indagações do sociólogo são, em essência, sempre as mesmas: "O que as pessoas estão fazendo umas com as outras aqui?" "Quais são as relações entre elas?" "Como essas relações se organizam em instituições?" "Quais são as ideias coletivas que movem os homens e as instituições?" Ao tentar responder a essas indagações em casos específicos, o sociólogo terá, naturalmente, de lidar com assuntos políticos e econômicos, mas o fará sob um ângulo um tanto diferente do ângulo do cientista político ou do economista. A cena a que ele assiste é a mesma cena humana contemplada por esses outros cientistas. Mas o ângulo de visão do sociólogo é diferente. Compreendido isto, torna-se claro que não faz sentido tentar delimitar um território especial no qual o sociólogo atuará. Tal como Wesley, o sociólogo terá de confessar que sua paróquia é o mundo. Entretanto, ao contrário de alguns wesleyanos, ele compartilhará prazerosamente sua paróquia com outras pessoas. Entretanto, há um viandante cujo caminho o sociólogo cruzará com mais frequência – o historiador. Na verdade, tão logo o sociólogo deixa o presente para atentar ao passado, torna-se muito difícil distinguir suas preocupações das do historiador. Contudo, deixaremos esse relacionamento para mais tarde. Bastará dizer aqui que a jornada sociológica será bastante incompleta se não for pontilhada por frequentes conversas com esse outro viajante.

Qualquer atividade intelectual torna-se estimulante a partir do instante em que se transforma numa rota de descoberta. Em alguns campos do conhecimento, trata-se de uma descoberta de mundos anteriormente impensados e impensáveis. É, por exemplo, o estímulo do astrônomo ou do físico nuclear, para citarmos os limites antipodais das realidades que o homem é capaz de conceber. Entretanto, pode ser também o estímulo da bacteriologia ou da geologia. Em um sentido diferente, pode ser a excitação do linguista que descobre novos domínios da expressão humana ou do antropólogo que explora costumes humanos em países distantes. Em tal descoberta, se empreendida com paixão, ocorre uma ampliação da consciência, às vezes uma verdadeira transformação da consciência. O universo revela-se muito mais prodigioso do que jamais se sonhara. Em geral, a excitação da sociologia é de outra espécie. Às vezes, realmente, o sociólogo penetra em mundos que antes desconhecia inteiramente – por exemplo, o mundo do crime, o mundo de alguma bizarra seita religiosa ou o mundo definido pelos estreitos interesses de grupos como especialistas médicos, líderes militares ou executivos de agências de publicidade. Contudo, de maneira geral o sociólogo atua em setores de experiência com que tanto ele como a maior parte das pessoas de sua sociedade estão familiarizados. Investiga comunidades, instituições e atividades sobre as quais os jornais trazem informações diárias. Contudo, há outra excitação de descoberta acenando para ele em suas investigações. Não se trata da excitação de encontrar o totalmente novo, e sim da excitação de assistir à transformação do sentido daquilo que lhe é familiar. O fascínio da sociologia está no fato de que sua perspectiva nos leva a ver sob nova luz o próprio mundo em que todos vivemos. Isto também constitui uma transformação da consciência. Além disso, essa transformação é mais relevante, do ponto de vista existencial, que a de muitas outras disciplinas intelectuais, porque é mais difícil de segregar em algum compartimento especial do espírito. O astrônomo não vive nas galáxias distantes e, fora de seu laboratório, o físico nuclear pode comer, rir, amar e votar sem pensar em partículas atômicas. O geólogo só examina rochas em momentos apropriados e o linguista conversa com sua mulher na linguagem de todo mundo. O sociólogo, porém, vive na sociedade, tanto em seu trabalho como fora dele. Sua própria vida, inevitavelmente, converte-se em parte de seu campo de estudo. Em vista da natureza humana ser o que é, os sociólogos também conseguem estabelecer uma separação entre sua atividade profissional e sua vida pessoal em sociedade. Mas é uma façanha um tanto difícil de ser realizada em boa-fé.

O sociólogo vive no mundo comum dos homens, perto daquilo que a maioria das pessoas chamaria de real. As categorias que ele utiliza em suas análises constituem apenas refinamentos das categorias em que os outros homens se baseiam – poder, classe, *status*, raça, etnia. Em consequência, algumas investigações sociológicas parecem – ilusoriamente – simples e óbvias. Quem as lê identifica uma cena familiar, comenta que já leu aquilo várias vezes e observa que as pessoas deviam fazer outra coisa e não perder tempo com truísmos – até que de repente depara com uma observação qualquer que contesta radicalmente tudo quanto antes se supunha a respeito dessa cena familiar. É nesse momento que se começa a sentir a emoção da sociologia.

Citemos um exemplo específico. Suponhamos uma aula de sociologia numa instituição de ensino do sul dos Estados Unidos, onde quase todos os alunos sejam sulistas brancos. Suponhamos uma palestra sobre o tema do sistema racial do Sul. O professor está discorrendo sobre assuntos que seus alunos conhecem bem, desde a infância. Na verdade, é possível que conheçam as minúcias desse sistema melhor que o professor. Por isso, sentem-se entediados. Parece-lhes que o professor está apenas usando palavras mais pretensiosas para descrever aquilo que eles já sabem. Assim, ele pode empregar o termo "casta", uma palavra hoje usada frequentemente pelos sociólogos americanos com referência ao sistema racial sulista. Entretanto, para elucidar o termo, ele fala da tradicional sociedade hindu. Prosseguindo, analisa as crenças mágicas inerentes aos tabus de casta, a dinâmica social do comensalismo e do conúbio, os interesses econômicos que o sistema oculta, a maneira como as crenças religiosas se relacionam aos tabus, os efeitos do sistema de castas sobre o desenvolvimento industrial da sociedade e vice-versa – tudo na Índia. De repente, porém, a Índia deixa de ser um lugar muito distante. A palestra retoma o tema do Sul. O que era familiar já não parece mais tão familiar. Fazem-se perguntas novas, talvez num tom de indignação. E depois disso, pelo menos alguns dos estudantes começaram a compreender que nessa questão de raça estão envolvidas algumas funções que nunca encontraram nos jornais (pelo menos nos de sua cidade) e sobre as quais seus pais nada lhes disseram – em parte, pelo menos, porque nem os jornais nem seus pais estão a par delas.

Pode-se dizer que aí está a primeira verdade revelada pela sociologia – as coisas não são o que parecem ser. Isto também é uma afirmação ilusoriamente simples. Logo deixa de parecer tão simples. A realidade social apresenta-se como possuidora de muitos níveis de significado. A descoberta de cada novo nível modifica a percepção do todo.

Os antropólogos usam o termo "choque cultural" para descrever o impacto de uma cultura totalmente nova sobre um recém-chegado. Num exemplo extremo, esse será o choque experimentado pelo explorador ocidental a quem é dito, em meio do jantar, que está comendo aquela simpática velhinha com quem conversou na véspera – um choque com previsíveis consequências fisiológicas, senão morais. A maioria dos exploradores já não encontra o canibalismo em suas viagens. Contudo, os primeiros encontros com a poligamia ou com ritos de puberdade, ou mesmo com a maneira como se dirigem automóveis em certos países, podem constituir um choque bastante forte para um visitante americano. O choque pode ser acompanhado não só de desaprovação ou desagrado, como também de uma sensação de emoção com o fato de as coisas poderem *realmente* ser diferentes. Até certo ponto, pelo menos, essa é a emoção de qualquer primeira viagem ao exterior. A experiência da descoberta sociológica poderia ser descrita como "choque cultural" *menos* deslocamento geográfico. Em outras palavras, o sociólogo viaja em casa – com resultados chocantes. É improvável que ele descubra estar comendo uma simpática velhinha no jantar. Mas a descoberta, por exemplo, de que sua própria igreja possui consideráveis investimentos na indústria de mísseis ou de que a alguns quarteirões de sua casa existem pessoas que se entregam a orgias cúlticas talvez não sejam drasticamente diferentes em impacto emocional. Entretanto, não desejamos que fique a impressão de que as descobertas sociológicas sejam sempre, ou mesmo habitualmente, afrontosas à moral. Absolutamente. Contudo, o que têm em comum com a exploração de terras distantes é a súbita revelação de novas e insuspeitadas facetas da existência humana em sociedade. Esta é a emoção e, como tentaremos demonstrar mais adiante, a justificação humanística da sociologia.

As pessoas que gostam de evitar descobertas chocantes, que preferem acreditar que a sociedade é exatamente aquilo que aprenderam na escola dominical, que gostam da segurança das regras e das máximas daquilo que Alfred Schuetz chamou de "mundo aceito sem discussão", devem manter-se distantes da sociologia. As pessoas que não sentem qualquer tentação diante de portas fechadas, que não têm curiosidade por seres humanos, que se satisfazem em admirar a paisagem sem imaginar como será a vida das pessoas que moram naquelas casas do outro lado do rio, também devem provavelmente manter-se distantes da sociologia. Julgá-la-ão desagradável ou, pelo menos, pouco gratificante. Uma palavra de advertência também deve ser endereçada àquelas pessoas que só se interessam pelos seres humanos caso possam modificá-los, convertê-los ou reformá-los; acharão a sociologia muito menos útil do que esperavam. E as pessoas cujo interesse jaz sobretudo em suas próprias construções conceituais deveriam também voltar-se para o estudo de ratinhos brancos. A sociologia só será satisfatória para quem não puder imaginar nada mais absorvente do que observar os homens e compreender as coisas humanas.

Talvez já esteja claro que, embora deliberadamente, fomos pouco enfáticos no título deste capítulo. A rigor, a sociologia é um passatempo individual no sentido que interessa a algumas pessoas e entedia outras. Há quem goste de observar seres humanos, enquanto outras pessoas preferem realizar experiências com ratinhos. O mundo é bastante grande para abrigar todo tipo de gente e não há por que hierarquizar um interesse em relação a outro. Contudo, a palavra "passatempo" é fraca para aquilo que queremos dizer. A sociologia se assemelha mais a uma paixão. A perspectiva sociológica mais se assemelha a um demônio que possui uma pessoa, que a compele, repetidamente, às questões que são só suas. Por conseguinte, um convite à sociologia é um convite a um tipo de paixão muito especial. Não existe paixão sem perigos. O sociólogo que oferecer à venda suas mercadorias deve sempre advertir claramente que o risco da compra cabe ao comprador.

2.
A sociologia como forma de consciência

Caso tenhamos sido bastante claros no capítulo anterior, será possível aceitar a sociologia como uma preocupação intelectual de interesse para certas pessoas. Entretanto, parar aí seria realmente muito pouco sociológico. O simples fato de a sociologia ter surgido como disciplina num certo estágio da história ocidental nos deve levar também a indagar como é possível a certos indivíduos se ocuparem de sociologia e quais são as precondições para essa ocupação. Em outras palavras, a sociologia não é uma atividade imemorial ou necessária do espírito humano. Admitindo-se isto, ocorre logicamente indagar a respeito dos fatores que a transformaram numa necessidade para determinados homens. Na verdade, é possível que nenhuma atividade intelectual seja imemorial ou necessária. No entanto, a religião, por exemplo, tem quase universalmente gerado uma intensa preocupação durante toda a história humana, enquanto a elucubração dos problemas econômicos da existência tem constituído uma necessidade na maioria das culturas humanas. É evidente que isto não quer dizer que a teologia ou a economia, no sentido contemporâneo, sejam fenômenos espirituais universais, mas podemos com plena segurança afirmar que os seres humanos sempre pareceram dedicar atenção aos problemas que hoje constituem o tema dessas disciplinas. Contudo, nem mesmo isto se pode dizer da sociologia, que se afigura como uma cogitação peculiarmente moderna e ocidental. Além disso, como tentaremos mostrar neste capítulo, ela é constituída por uma forma de consciência peculiarmente moderna.

A peculiaridade da perspectiva sociológica se torna clara depois de algumas reflexões sobre o significado do termo "sociedade", que designa o objeto *par excellence* da disciplina. Como quase todos usados pelos sociólogos, este termo foi colhido na linguagem comum, na qual seu significado é impreciso. Às vezes designa um determinado grupo de pessoas (como em "Sociedade Protetora dos Animais"), às vezes somente as pessoas cercadas de grande prestígio e privilégio (como em "as senhoras da sociedade de Boston"), etc. Há também outros sentidos, menos frequentes. O sociólogo usa o termo num sentido mais preciso, embora, naturalmente, haja diferenças de emprego dentro da própria disciplina. Para o sociólogo, "sociedade" designa um grande complexo de relações humanas ou, para usar uma linguagem mais técnica, um sistema de interação. É difícil especificar quantitativamente, neste contexto, a palavra "grande". O sociólogo pode referir-se a uma "sociedade" que compreenda milhões de seres humanos (digamos, "a sociedade norte-americana"), mas também pode utilizar o termo para se referir a uma coletividade muito menor ("a sociedade de calouros desta universidade"). Duas pessoas conversando numa esquina dificilmente constituirão uma sociedade, mas três pessoas abandonadas numa ilha, sim. Portanto, a aplicabilidade do conceito não pode ser decidida apenas por critérios quantitativos. Tem-se uma sociedade quando um complexo de relações é suficientemente complexo para ser analisado em si mesmo, entendido como uma entidade autônoma, comparada com outros da mesma espécie.

Da mesma forma, é preciso definir melhor o adjetivo "social". Na linguagem comum, pode referir-se a várias coisas diferentes – a qualidade informal de um determinado encontro de pessoas ("isto é uma reunião social, não vamos falar de negócios"), uma atitude altruísta por parte de alguém ("ele demonstrava uma forte preocupação social em seu trabalho") ou, mais genericamente, qualquer coisa derivada de contacto com outras pessoas ("uma doença social"). O sociólogo emprega o termo de maneira mais limitada e com maior precisão, para se referir à qualidade de interação, inter-relação, reciprocidade. Assim, embora dois homens conversando numa esquina não componham uma "sociedade", o que ocorrer entre eles será decerto "social". A "sociedade "consiste num complexo de tais fatos "sociais". E para darmos uma definição exata do social, é difícil melhorar a de Max Weber, segundo a qual uma situação "social" é aquela em que as pessoas orientam suas ações umas para as outras. A trama de significados, expectativas e conduta que resulta dessa orientação mútua constitui o material da análise sociológica.

Entretanto, esse refinamento da terminologia não basta para demonstrar a peculiaridade do ângulo de visão sociológico. O economista, por exemplo, ocupa-se de análises de processos que ocorrem na sociedade e que podem ser chamados de sociais. Esses processos relacionam-se com o problema básico da atividade econômica – a alocação, ou distribuição, de bens e serviços escassos numa sociedade. O economista atentará a esses processos em termos da maneira como eles cumprem (ou deixam de cumprir) essa função. Ao examinar os mesmos processos, é lógico que o sociólogo terá de levar em conta seus propósitos econômicos. No entanto, seu interesse primordial não estará necessariamente relacionado com esses propósitos em si. Ele estará interessado numa grande variedade de relações e interações humanas que ocorrem aqui e que talvez não tenham qualquer relevância para as metas econômicas em questão. Assim, a atividade econômica envolve relações de poder, prestígio, preconceito e até diversão que podem ser analisadas com uma referência apenas marginal à função propriamente econômica da atividade.

O sociólogo encontra material de estudo em todas as atividades humanas, mas nem todos os aspectos dessas atividades constituem material sociológico. A interação social não é um setor compartimentalizado daquilo que os homens fazem uns aos outros. Constitui antes um determinado aspecto de todos esses atos. Em outras palavras, o sociólogo pratica um tipo especial de abstração. O social, como objeto de investigação, não constitui um campo segregado de atividade humana. Ao invés disso, para empregarmos uma expressão tirada da liturgia luterana, o social está presente "em, com e sobre" muitos campos diferentes de tal atividade. O sociólogo não examina fenômenos de que ninguém mais toma conhecimento. Entretanto, ele olha esses mesmos fenômenos de um modo diferente.

Como exemplo adicional, poderíamos tomar a perspectiva do advogado, de âmbito muito mais amplo que a do economista. Quase toda atividade humana pode, num momento ou em outro, cair na esfera do advogado. É nisto, na verdade, que está o fascínio do Direito. Encontramos aqui outro tipo bastante especial de abstração. Dentre a imensa riqueza e variedade do comportamento humano, o advogado seleciona os aspectos que são pertinentes a seu particularíssimo quadro de referência. Como qualquer pessoa que já se tenha envolvido numa questão judicial sabe muito bem, os critérios para determinação do que é relevante ou irrelevante legalmente muitas vezes deixam assombrados as partes do processo em questão. É desnecessário que isso nos detenha. Bastará observar que o quadro de referência jurídico consiste em vários modelos de atividade humana, cuidadosamente definidos. Temos, assim, modelos nítidos de obrigação, responsabilidade ou delito. É preciso que prevaleçam condições definidas antes que qualquer ato empírico possa ser classificado sob um desses títulos, e essas condições são estipuladas em códigos ou em precedentes. Quando tais condições não são satisfeitas, o ato em questão é irrelevante do ponto de vista jurídico. A habilidade do advogado consiste em conhecer as normas mediante as quais esses modelos são construídos. Ele sabe, dentro de seu quadro de referência, quando houve inadimplemento de um contrato comercial, quando o motorista de um veículo pode ser acusado de negligência ou quando se verificou uma sedução.

Diante desses mesmos fenômenos, o quadro de referência do sociólogo será bastante diferente. Para começar, sua perspectiva não pode ser produto de códigos ou precedentes. Seu interesse nas relações humanas existentes numa transação comercial não tem qualquer relação com a validade legal de contratos assinados, da mesma forma uma aberração sexual sociologicamente interessante pode não ser passível de classificação numa dada categoria legal. Do ponto de vista do advogado, a investigação do sociólogo é estranha a seu quadro de referência. Poder-se-ia dizer que, com referência ao edifício conceitual do Direito, a atividade do sociólogo seja de caráter subterrâneo. O advogado só se ocupa daquilo que se poderia chamar de concepção oficial da situação. Com muita frequência, o sociólogo lida com concepções em nada oficiais. Para o advogado, o essencial consiste em saber como a lei considera certo tipo de criminoso; para o sociólogo, é igualmente importante ver como o criminoso considera a lei.

O fato de fazer perguntas sociológicas, portanto, pressupõe que o sociólogo esteja interessado em olhar além das metas de ações humanas comumente aceitas ou oficialmente definidas. Pressupõe uma certa consciência de que os fatos humanos possuem diferentes níveis de significado, alguns dos quais ocultos à consciência da vida cotidiana. Pode até pressupor uma certa dose de suspeita quanto à maneira como os fatos humanos são oficialmente interpretados pelas autoridades, sejam em fatos de caráter político, jurídico ou religioso. Se estivermos dispostos a chegar a tanto, torna-se evidente que nem todas as circunstâncias históricas são igualmente favoráveis para o desenvolvimento da perspectiva sociológica.

Seria plausível, portanto, que o pensamento sociológico tivesse melhores condições de desenvolvimento em circunstâncias históricas marcadas por severos choques na autoconcepção de uma cultura, sobretudo na autoconcepção oficial e comumente aceita. Só em tais circunstâncias é que homens argutos são suscetíveis de serem motivados para pensar além das assertivas dessa autoconcepção e, em decorrência disto, contestar as autoridades. Com muita propriedade, Albert Salomon argumentou que o conceito de "sociedade", em seu moderno sentido sociológico, só pôde surgir com a derrocada das estruturas normativas do cristianismo e, mais tarde, do *ancien regime*. Podemos, então, conceber a "sociedade" também como a estrutura oculta de um edifício, cuja fachada exterior oculta aquela estrutura. Na cristandade medieval, a "sociedade" era tornada invisível pela imponente fachada religioso-política que constituía o mundo comum do homem europeu. Como observou Salomon, depois que a Reforma destruiu a unidade do cristianismo, a fachada política mais secular do Estado absolutista desempenhou a mesma função. Foi com a desintegração do Estado absolutista que se pôde enxergar o arcabouço subjacente da "sociedade" – isto é, um mundo de motivações e forças que não podia ser compreendido em termos das interpretações oficiais da realidade social. A perspectiva sociológica pode então ser compreendida em termos de uma frase coloquial como "olhar por trás dos bastidores".

Não estaremos muito distantes da verdade se virmos o pensamento sociológico como parte daquilo a que Nietzsche chamou de "a arte da desconfiança". Entretanto, seria um exagero simplista supor que essa arte só tenha existido nos tempos modernos. É provável que "olhar por trás" seja uma função bastante geral da inteligência, mesmo nas mais primitivas sociedades. O antropólogo americano Paul Radin já nos proporcionou uma vívida descrição do cético como tipo humano numa cultura primitiva. Dispomos ainda de dados de outras civilizações, além das do Ocidente moderno, que revelam formas de consciência que bem poderiam ser chamadas de protossociológicas. Poderíamos mencionar, por exemplo, Heródoto ou Ibn-Khaldun. Existem inclusive textos do antigo Egito que mostram um profundo desencanto com uma ordem política e social que adquiriu a reputação de ter sido uma das mais coesas da história humana. Contudo, com a alvorada da era moderna no Ocidente, essa forma de consciência se intensifica, torna-se concentrada e sistematizada, caracteriza o pensamento de um número cada vez maior de homens argutos. Não cabe aqui analisar em detalhes a pré-história do pensamento sociológico, assunto no qual muito devemos a Salomon. Nem mesmo daríamos aqui uma tabela intelectual dos ancestrais da sociologia, demonstrando suas ligações com Maquiavel, Erasmo, Bacon, com a filosofia do séc. XVII e com as *belles-lettres* do séc. XVIII – isto já foi feito por outros, bem mais qualificados que este autor. Bastará acentuar mais uma vez que o pensamento sociológico marca o amadurecimento de várias correntes intelectuais que podem ser localizadas com toda precisão na moderna história ocidental.

Voltemos à afirmação de que a perspectiva sociológica envolve um processo de ver além das fachadas das estruturas sociais. Poderíamos traçar um paralelo com uma experiência comum das pessoas que moram nas grandes cidades. Uma das coisas que uma metrópole tem de mais fascinante é a imensa variedade de atividades humanas que têm lugar por trás das fileiras de edifícios de uma anonimidade e interminável semelhança. Uma pessoa que viva numa tal cidade muitas vezes se sentirá surpresa ou até chocada ao descobrir as estranhas atividades de que alguns homens se ocupam sem alarde e em casas que, vistas de fora, assemelham-se a todas as outras de determinada rua. Depois de passar por essa experiência uma ou duas vezes, muitas vezes uma pessoa se verá caminhando por uma rua, talvez tarde da noite, e imaginando o que estará acontecendo sob as luzes brilhantes por trás de cortinas cerradas. Uma família comum conversando agradavelmente com convidados? Uma cena de desespero em meio a doença ou morte? Ou uma cena de prazeres depravados? Talvez um culto estranho ou uma perigosa conspiração? As fachadas das casas nada nos podem dizer, nada revelando senão uma conformidade arquitetônica aos gostos de algum grupo ou classe que talvez nem mais habite naquela rua. Por trás das fachadas escondem-se os mistérios sociais. O desejo de desvendar esses mistérios é análogo à curiosidade sociológica. Em certas cidades subitamente atingidas pela calamidade, esse desejo pode ser bruscamente realizado. Quem já passou pela experiência de bombardeios em tempo de guerra conhece os repentinos encontros com insuspeitados (e às vezes inimagináveis) condôminos no abrigo antiaéreo do edifício. Ou se lembra de ter visto com espanto, de manhã, uma casa atingida por uma bomba durante a noite, cortada ao meio, com a fachada destruída e o interior impiedosamente revelado à luz do dia. Entretanto, na maioria das cidades em que normalmente se vive só se pode conhecer esses interiores mediante um exercício de imaginação. Da mesma forma, há situações históricas em que as fachadas da sociedade são violentamente derrubadas e só os mais displicentes deixam de ver que nunca deixou de haver uma realidade por trás das fachadas. Geralmente isto não acontece e as fachadas continuam a nos desafiar com uma permanência aparentemente inabalável. Nesse caso, para se perceber a realidade que as fachadas ocultam é preciso um considerável esforço intelectual.

Talvez convenha, em atenção à clareza, mencionar alguns exemplos da maneira como a sociologia olha além das fachadas das estruturas sociais. Tomemos, como exemplo, a organização política de uma comunidade. Se alguém desejar saber como uma moderna cidade americana é governada, nada mais fácil que obter as informações oficiais a respeito. A cidade terá um estatuto, de conformidade com as leis do Estado. Com alguma ajuda de pessoas bem informadas, pode-se examinar os vários documentos pelos quais a cidade é administrada. Pode-se então descobrir que essa comunidade é administrada por um gerente municipal (e não por um prefeito), ou que filiações partidárias não figuram nas chapas de eleições municipais ou que o governo municipal integra um distrito de águas regional. Da mesma forma, lendo-se um jornal, pode-se ficar a par dos problemas políticos, oficialmente reconhecidos, da comunidade. Pode-se ficar sabendo que a cidade planeja anexar uma determinada área suburbana, ou que ocorreu uma alteração de posturas para facilitar o desenvolvimento industrial de uma outra área, ou até mesmo que um dos vereadores foi acusado de tráfico de influência. Tudo isto ainda ocorre ao nível, por assim dizer, visível, oficial ou público, da vida política. Entretanto, só uma pessoa irremediavelmente ingênua acreditaria que esse tipo de informação lhe proporcione um quadro completo da realidade política da comunidade. O sociólogo desejará conhecer acima de tudo a "estrutura informal de poder" (como foi chamada por Floyd Hunter, sociólogo americano interessado por esses estudos), que constitui uma configuração de homens e poder que não se encontra descrita nos estatutos e que raramente aparece nos jornais. Talvez o cientista político ou o especialista jurídico achassem muito interessante comparar as leis municipais com as de outras comunidades. O sociólogo estará muito mais interessado em descobrir a maneira como poderosos interesses influenciam ou mesmo controlam as ações de autoridades eleitas segundo as leis. Esses interesses não serão encontrados na prefeitura, e sim nos escritórios de dirigentes de empresas que talvez nem mesmo se localizem nessa comunidade, nas mansões privadas de um punhado de homens poderosos, talvez nos escritórios de certos sindicatos trabalhistas ou até mesmo, em certos casos, nas sedes de organizações criminosas. Quando o sociólogo se interessa por poder, olhará atrás dos mecanismos oficiais que supostamente regem o poder naquela comunidade. Isto não significa necessariamente que ele encare os mecanismos oficiais como totalmente ineficientes ou sua definição legal como totalmente ilusória. Entretanto, na pior das hipóteses, ele insistirá em que existe outro nível de realidade a ser investigado no sistema particular de poder. Em alguns casos ele haverá de concluir que procurar o poder real nos lugares publicamente reconhecidos é inteiramente inútil.

Vejamos outro exemplo. Nos Estados Unidos, as várias denominações protestantes diferem amplamente quanto à sua chamada "constituição", ou seja, a definição oficial da maneira como a denominação é governada. Pode-se falar de uma "constituição" episcopal, presbiteriana ou congregacional (referindo-se não às denominações conhecidas por esses nomes, e sim às formas de administração eclesiástica compartilhada por várias denominações – por exemplo, a forma episcopal partilhada pelos metodistas, ou a forma congregacional, partilhada pelos congregacionais e pelos batistas). Em quase todos os casos, a "constituição" de uma denominação é o resultado de um longo desenvolvimento histórico e se baseia numa premissa teológica, a respeito da qual os peritos em doutrina continuam a discutir. No entanto, o sociólogo que estivesse interessado em estudar a administração das denominações americanas agiria bem se não se detivesse por muito tempo nessas definições oficiais. Logo descobrirá que as questões reais de poder e de organização têm pouco que ver com "constituição" no sentido teológico. Perceberá que a forma de organização básica em todas as denominações, de qualquer tamanho, é burocrática. A lógica do comportamento administrativo é determinada por processos burocráticos, e só muito raramente pelas consequências de um ponto de vista episcopal ou congregacional. Então, o investigador sociológico logo enxergará além da massa de confusa terminologia que designa os titulares de cargos na burocracia eclesiástica, e identificará corretamente os detentores do poder real, não importa que sejam chamados de "bispos", "funcionários delegados" ou "presidentes de sínodo". Ao perceber que a organização denominacional integra-se no quadro muito mais amplo da burocracia, o sociólogo será capaz de apreender os processos que ocorrem na organização, observar as pressões internas e externas exercidas sobre aqueles que teoricamente governam a denominação. Em outras palavras, por trás da fachada de "constituição episcopal", o sociólogo perceberá o funcionamento de uma máquina burocrática sempre muito parecida em toda parte, quer na Igreja Metodista, numa repartição do governo federal, na General Motors ou no Sindicato dos Trabalhadores da Indústria de Veículos Automotores.

Examinamos outro exemplo, tirado da vida econômica. O gerente de pessoal de uma fábrica prepara com o máximo prazer organogramas multicores que supostamente representam a organização do processo de produção. Cada pessoa tem seu lugar, sabe de quem recebe ordens e a quem as transmite, cada equipe conhece seu papel no grande drama da produção. Na realidade, porém, as coisas raramente correm assim – como sabe todo bom gerente de pessoal. Ao esquema oficial de organização sobrepõe-se uma rede muito mais sutil, muito menos visível, de grupos humanos, com suas lealdades, preconceitos, antipatias e, principalmente, códigos de comportamento. A sociologia industrial está entulhada de dados a respeito do funcionamento dessa rede informal, que sempre existe em vários graus de acomodação e conflito com o sistema oficial. De certo modo, a mesma coexistência de organização formal e informal é encontrada onde quer que grande número de homens trabalhem ou vivam juntos sob um sistema disciplinar – organizações militares, prisões, hospitais, escolas – e que remonta às misteriosas ligas que as crianças formam entre si e que só raramente são percebidas por seus pais. O sociólogo terá de mais uma vez tentar furar a cortina de fumaça das versões oficiais da realidade (as do capataz, oficial ou professor) e tentar captar os sinais que são emitidos do "submundo" (os do trabalhador, do soldado, do aluno).

Mais um exemplo. Supõe-se geralmente nos países ocidentais (e sobretudo nos Estados Unidos) que homens e mulheres se casem porque estejam apaixonados. Segundo uma arraigada mitologia popular, o amor é uma emoção de caráter violento e irresistível que ataca ao acaso, um mistério que constitui a meta da maioria dos jovens e muitas vezes de pessoas já não tão jovens. Entretanto, assim que se começa a investigar um número representativo de casamentos, percebe-se que a flecha do cupido parece ser teleguiada com bastante segurança para canais bem definidos de classe, renda, educação e antecedentes raciais e religiosos. Investigando-se um pouco mais o comportamento dos casais antes do casamento, encontra-se canais de interação que, com frequência, são bastante rígidos para merecer o nome de ritual. O investigador começa a suspeitar que, na maioria dos casos, não é tanto a emoção do amor que cria certo tipo de relação, mas justamente o contrário: relações cuidadosamente pré-definidas, e muitas vezes planejadas, por fim geram a emoção desejada. Em outras palavras, quando certas condições são satisfeitas, natural ou artificialmente, uma pessoa permite-se "apaixonar-se". O sociólogo que investigar nossos padrões de "corte" (eufemismo tendencioso) e casamento logo descobrirá uma complexa trama de motivações multifariamente relacionada a toda a estrutura institucional dentro da qual vive um indivíduo – classe, carreira, ambição econômica, aspirações de poder e prestígio. O milagre do amor parece então um pouco sintético. De mesma forma, isto não significa necessariamente que o sociólogo afirme que a interpretação romântica seja uma ilusão. Entretanto, também neste caso ele lançará os olhos além das interpretações imediatas e aprovadas. Ao contemplar um casal que, por sua vez, contempla a lua, não há por que o sociólogo se sinta na obrigação de negar o impacto emocional da cena. Entretanto, levará em consideração a máquina que participou da construção da cena em seus aspectos não lunares: o símbolo de *status* que abriga os namorados (o automóvel), os cânones de gosto e tática que determinam o costume, as muitas formas como a linguagem e a conduta situam socialmente os protagonistas, definindo assim a localização social e a intencionalidade de toda aquela atividade.

Talvez já esteja claro que os problemas que interessarão ao sociólogo não são necessariamente aquilo que outras pessoas possam chamar de "problemas". A maneira como as autoridades públicas e os jornais (e, infelizmente, também alguns livros didáticos de sociologia) falam de "problemas sociais" obscurece este fato. Geralmente se diz que existe um "problema social" quando alguma coisa na sociedade não funciona como deveria funcionar segundo as interpretações oficiais. Nesse caso as pessoas esperam que o sociólogo estude o "problema", como definido por elas, e que talvez até apresente uma "solução" que resolva o assunto à sua conveniência.

Contrariando esse tipo de expectativa, é importante compreender que um problema sociológico é uma coisa muito diferente de um "problema social" nesse sentido. Por exemplo, é ingenuidade considerar o crime um "problema" porque as organizações policiais assim o definem, ou chamar o divórcio de "problema", como proclamam os moralistas do casamento. Para usarmos palavras ainda mais claras, o "problema" do capataz – fazer seus operários trabalharem com mais eficiência – ou do oficial de combate – levar as tropas a atacar o inimigo com mais entusiasmo – nem sempre tem de ser problemático para o sociólogo (não levemos em consideração no momento o fato provável de que o sociólogo solicitado a estudar esses "problemas" seja contratado pela empresa ou pelo exército). O problema sociológico é sempre a compreensão do que acontece em termos de interação social. Por isso, o problema sociológico consiste menos em determinar por que algumas coisas "saem erradas" do ponto de vista das autoridades do que conhecer como todo o sistema funciona, quais são seus pressupostos e como ele se mantém coeso. O problema sociológico fundamental não é o crime, e sim a lei; não é o divórcio, e sim o casamento; não é a discriminação racial, e sim a estratificação por critérios de raça não; é a revolução, e sim o governo.

Um exemplo servirá para aclarar este ponto. Suponhamos um núcleo de assistência social num bairro pobre que tente afastar adolescentes das atividades, oficialmente desaprovadas, de uma quadrilha de delinquentes juvenis. O quadro de referência dentro do qual os assistentes sociais e as autoridades de polícia definem os "problemas" dessa situação é constituído pelo mundo de valores de classe média, respeitáveis, publicamente aprovados. Haverá um "problema" se adolescentes dirigem carros roubados, e uma "solução" se em lugar disso praticarem esportes no núcleo de assistência social. Mas se mudarmos o quadro de referência e olharmos a situação do ponto de vista dos líderes da quadrilha juvenil, os "problemas" estarão definidos ao inverso. Haverá um "problema", para a coesão da quadrilha, se seus membros forem afastados das atividades que conferem prestígio à quadrilha dentro de seu próprio mundo social, e uma "solução" se os assistentes sociais desistirem e voltarem para o lugar de onde vieram. Aquilo que constitui um "problema" para um sistema social é a ordem normal das coisas para outro, e vice-versa. Lealdade e deslealdade e traição são definidos em termos contraditórios pelos representantes dos dois sistemas. Em termos de seus próprios valores, o sociólogo poderá considerar o mundo da respeitabilidade burguesa como mais conveniente, e por isso poderá desejar acorrer em auxílio dos assistentes sociais, missionários da classe média entre os infiéis. Isto, contudo, não justifica a identificação das dores de cabeça do diretor com aquilo que constitui os "problemas" do ponto de vista sociológico. Os "problemas" que o sociólogo desejará resolver referem-se a uma compreensão da situação social em seu todo, aos valores e métodos de ação em *ambos* os sistemas e à maneira como os dois sistemas coexistem no tempo e no espaço. Na verdade, como veremos mais adiante, é exatamente essa capacidade de olhar uma situação dos pontos de vista de sistemas interpretativos antagônicos que constitui uma das características da consciência sociológica.

Poderíamos dizer, portanto, que a consciência sociológica seja inerentemente desmistificadora. Com muita frequência, o sociólogo será levado, pela própria lógica de sua disciplina, a desmistificar os sistemas sociológicos que estuda. Essa tendência não se deve necessariamente ao temperamento ou às inclinações do sociólogo. Na verdade, poderá acontecer que o sociólogo, ainda que de temperamento acomodatício e nada propenso a perturbar os cômodos pressupostos em que baseia sua própria existência social, seja forçado, por sua atividade, a insultar aquilo que todos à sua volta tomam como ponto pacífico. Em outras palavras, diríamos que as raízes da desmistificação na sociologia não são psicológicas e sim metodológicas. O quadro de referência sociológico, com seu método inerente de procurar outros níveis de realidade além dos definidos pelas interpretações oficiais da sociedade, traz consigo um imperativo lógico de desmascarar as simulações e a propaganda com que os homens ocultam suas ações recíprocas. Esse imperativo desmistificador é uma das características da sociologia que melhor se ajustam ao espírito da era moderna.

A tendência desmistificadora do pensamento sociológico pode ser ilustrada de várias maneiras. Por exemplo, um dos temas principais na sociologia de Max Weber é o das consequências involuntárias e imprevistas das ações humanas na sociedade. A obra mais famosa de Weber, *A ética protestante,* e o Espírito do capitalismo, na qual ele demonstrou a relação entre certas consequências dos valores protestantes e o surgimento do *ethos* capitalista, tem sido muitas vezes mal compreendida, exatamente porque seus detratores não entenderam esse tema. Observam eles que os pensadores protestantes citados por Weber jamais pretenderam que seus ensinamentos fossem aplicados de maneira a produzir os resultados econômicos específicos em questão. Especificamente, Weber argumentou que a doutrina calvinista da predestinação fez com que muita gente se comportasse da maneira que ele chamou de "mundanamente ascética", isto é, de uma maneira que se ocupa intensa, sistemática e abnegadamente com as coisas do mundo, sobretudo em questões econômicas. Os críticos de Weber têm observado que nada estava mais distante do espírito de Calvino e de outros mentores da Reforma calvinista. No entanto, Weber nunca declarou que o pensamento calvinista *pretendesse* gerar esses padrões econômicos. Pelo contrário, ele sabia que as intenções eram drasticamente diferentes. As consequências ocorrem apesar das intenções. Em outras palavras, a obra de Weber (e não apenas seu trecho famoso que acabamos de mencionar) proporciona uma imagem vivida de *ironia* das ações humanas. Por conseguinte, a sociologia de Weber oferece-nos uma antítese radical a quaisquer concepções que vejam a história como uma concretização de ideias ou como fruto dos esforços deliberados de indivíduos ou coletividades. Isto não significa, absolutamente, que as ideias não sejam importantes. Significa apenas que com muita frequência o resultado das ideias é muito diverso daquilo que os formuladores das ideias planejaram ou esperaram. Tal consciência do aspecto irônico da história leva à moderação, constitui forte antídoto a todos os tipos de utopia revolucionária.

A tendência desmistificadora da sociologia está implícita em todas as teorias sociológicas que dão ênfase ao caráter autônomo dos processos sociais. Émile Durkheim, por exemplo, fundador da escola mais importante da sociologia francesa, frisava que a sociedade era uma realidade *sui generis*, ou seja, uma realidade que não podia ser reduzida a fatores psicológicos ou de outra natureza em diferentes níveis de análise. O efeito dessa insistência tem sido uma desconsideração total de motivos e significados individuais de vários fenômenos. É possível que isto transpareça com mais nitidez no conhecido estudo de Durkheim sobre o suicídio, onde as intenções individuais das pessoas que cometem ou tentam cometer suicídio são inteiramente postas de lado na análise, em favor de estatísticas referentes a várias características sociais dos indivíduos. Segundo a perspectiva durkheimiana, viver em sociedade significa existir sob a dominação da lógica da sociedade. Com muita frequência, as pessoas agem segundo essa lógica sem o perceber. Portanto, para descobrir essa dinâmica interna da sociedade, o sociólogo terá muitas vezes de desprezar as respostas que os próprios atores sociais dariam a suas perguntas e procurar as explicações de que eles próprios não se dão conta. Esta atitude essencialmente durkheimiana foi levada à abordagem teórica hoje chamada de funcionalismo. Na análise funcional, a sociedade é analisada em termos de seus próprios mecanismos como sistema, e que muitas vezes se apresentam obscuros ou opacos àqueles que atuam dentro do sistema. O sociólogo americano contemporâneo Robert Merton expressou bem essa abordagem em seus conceitos de funções "manifestas" e "latentes". As primeiras são as funções conscientes e deliberadas dos processos sociais, as segundas as funções inconscientes e involuntárias. Assim, a função "manifesta" da legislação antijogo pode ser suprimir o jogo, e sua função "latente" criar um império ilegal para as organizações de promoverem o jogo clandestino. Missões cristãs em certas partes da África tentaram "manifestamente" converter os africanos ao cristianismo, mas ajudaram "latentemente" a destruir as culturas tribais, proporcionando condições para rápida transformação social. O controle do Partido Comunista sobre todos os setores da vida social na Rússia, que visava "manifestamente" assegurar a manutenção do *ethos* revolucionário, criou "latentemente" uma nova classe de acomodados burocratas sinistramente burgueses em suas aspirações e cada vez menos inclinados ao sacrifício da dedicação bolchevista. A função "manifesta" de muitas associações voluntárias nos Estados Unidos é sociabilidade e contribuição para o bem público, é sua função "latente" conferir símbolos de *status* aos que delas participam.

O conceito de "ideologia", central em algumas teorias sociológicas, poderia servir como outro exemplo para a tendência desmistificadora que estamos discutindo. Os sociólogos falam de "ideologia" ao se referir a concepções que servem para justificar os privilégios de algum grupo. Com muita frequência, tais concepções destorcem sistematicamente a realidade social, da mesma forma como um indivíduo neurótico pode negar, deformar ou reinterpretar aspectos de sua vida que lhe sejam inconvenientes. Essa perspectiva ocupa lugar central na importante abordagem do sociólogo italiano Vilfredo Pareto e, como veremos num capítulo posterior, o conceito de "ideologia" é essencial para a abordagem denominada "sociologia do conhecimento". Em tais análises, as ideias segundo as quais os homens explicam suas ações são desmascaradas como autoilusão, técnica de vendas, o tipo de "insinceridade" a que David Riesman se referiu como o estado de espírito de um homem que acredita habitualmente em sua própria propaganda. Destarte, podemos falar de "ideologia" quando analisamos a crença de muitos médicos americanos de que os padrões de saúde declinarão se for abolido o método de pagamento direto cliente-profissional, ou o ponto de vista de muitos agentes funerários de que funerais baratos demonstram falta de afeto pelos entes que perderam, ou ainda o fato de muitos animadores de televisão definirem os testes de conhecimento como "educativos". A autoimagem do corretor de seguros como um afetuoso conselheiro de casais jovens, ou da *strip-teaser* de cabaré como artista, ou do publicitário como perito em comunicação, ou do carrasco como servidor público – todas essas ideias constituem não só abrandamentos individuais de culpa ou expressão de anseio de *status*, como representam também as autointerpretações oficiais de grupos sociais inteiros, a que seus membros estão obrigados sob pena de excomunhão. Ao levantar o véu que encobre a funcionalidade social das simulações ideológicas, os sociólogos deverão tentar não assemelhar-se àqueles historiadores dos quais Marx disse serem menos capacitados do que qualquer comerciante de esquina para saber a diferença entre o que um homem é e aquilo que afirma ser. O motivo desmistificador da sociologia está nessa penetração de cortinas de fumaça verbais, e pelas quais se atinge as fontes não admitidas e muitas vezes desagradáveis da ação.

Alvitrou-se acima que a ocasião mais propícia ao surgimento da consciência sociológica é aquela em que as interpretações comumente aceitas ou legalmente enunciadas da sociedade sofrem um abalo. Como já dissemos, há bons motivos para encararmos a origem da sociologia na França (pátria da disciplina) em termos de um esforço para explicar as consequências da Revolução Francesa, não só do grande cataclisma de 1798, como também daquilo a que De Tocqueville chamou de a revolução permanente do século XIX. No caso da França, não é difícil perceber a sociologia contra o pano de fundo das rápidas transformações da sociedade moderna, do colapso das fachadas, do esvaziamento dos velhos credos e da eclosão de forças novas e assustadoras no cenário social. Na Alemanha, o outro país europeu em que um importante movimento sociológico surgiu no século XIX, a situação é um tanto diferente. Para citarmos Marx mais uma vez, os alemães tinham tendência para levar adiante, em estudos acadêmicos, as revoluções que os franceses realizavam nas barricadas. Pelo menos uma dessas raízes acadêmicas de revolução, talvez a mais importante, pode ser procurada no amplo movimento filosófico que veio a ser chamado de "historicismo". Não cabe aqui narrar toda a história desse movimento. Bastará dizer que ele representa uma tentativa de tratar filosoficamente a sensação avassaladora da relatividade de todos os valores na história. Essa percepção de relatividade foi um resultado quase inelutável do imenso acúmulo de erudição histórica, pelos alemães, em quase todos os campos de conhecimento. Pelo menos em parte, o pensamento sociológico fundou-se na necessidade de dar ordem e inteligibilidade à impressão de caos que essa avalancha de informação histórica causava a alguns observadores. Contudo, é desnecessário dizer que a sociedade do sociólogo alemão mudava constantemente à sua volta, bem como a de seu colega francês, enquanto a Alemanha se tornava rapidamente uma potência industrial e um Estado organizado, na segunda metade do século XIX. Entretanto, não nos deteremos nessas questões. Se voltarmos a atenção para os Estados Unidos, país onde a sociologia viria a lançar raízes mais fundas, encontramos outro conjunto de circunstâncias diferentes, ainda que contra o mesmo pano de fundo de rápidas e profundas mudanças sociais. Ao se examinar a evolução da disciplina nos Estados Unidos, percebemos outro tema da sociologia, estreitamente ligado ao da desmistificação, mas que não lhe é idêntico – seu fascínio com a concepção não respeitável da sociedade.

Em toda sociedade, pelo menos no Ocidente, pode-se distinguir setores respeitáveis e não respeitáveis. Nesse sentido, a sociedade americana não ocupa posição singular. Entretanto, a respeitabilidade americana possui uma qualidade particularmente onipresente. É possível que isto possa ser atribuído, pelo menos em parte, aos duradouros efeitos colaterais do estilo de vida puritano. É mais provável que esteja relacionado com o papel preeminente desempenhado pela burguesia na formação da cultura americana. Quaisquer que tenham sido suas causas históricas, não é difícil classificar prontamente os fenômenos sociais americanos em algum desses dois setores. Podemos perceber a América oficial, respeitável, representada simbolicamente pela Câmara de Comércio, pelas igrejas, escolas e outros centros de ritual cívico. Entretanto, ao lado desse mundo de respeitabilidade existe uma "outra América", presente em toda cidade, por menor que seja, uma América que tem outros símbolos e que fala outra língua. É provável que essa linguagem seja seu mais seguro rótulo de identificação. É a linguagem do salão de sinuca e do jogo de pôquer, dos bares, lupanares e quartéis. Mas é também a linguagem que irrompe, com um suspiro de alívio, entre dois vendedores que bebem juntos no carro-restaurante enquanto seu trem passa por cidadezinhas do Meio-Oeste numa manhã de domingo, enquanto os pacatos moradores do lugar acorrem aos santuários caiados. É a linguagem reprimida diante de senhoras e clérigos, e que deve sua existência sobretudo à transmissão oral entre gerações de Huckleberry Finns (muito embora nos últimos anos essa linguagem haja ganho lugar em livros destinados a excitar senhoras e clérigos). A "outra América" que fala essa linguagem pode ser encontrada em toda parte em que certas pessoas são excluídas, ou se excluem, da conveniência da classe média. Encontramo-la naqueles setores da classe trabalhadora que ainda não se encontram muito adiantados no caminho do aburguesamento, nos cortiços, favelas e naquelas áreas das cidades que os sociólogos urbanos chamam de "áreas de transição". Ela se manifesta poderosamente no mundo do negro americano. Também a encontramos nos submundos daqueles que, por um motivo ou outro, se afastaram voluntariamente da burguesia – nos mundos dos *hippies*, homossexuais, vagabundos e outros "marginais", cujos mundos são mantidos cuidadosamente longe das ruas em que as pessoas decentes moram, trabalham e se divertem *en famille* (ainda que em algumas ocasiões esses mundos sejam bastante convenientes para o macho da espécie "pessoas decentes" – justamente nas ocasiões em que ele se encontra exultantemente *sans famille*).

A sociologia americana, aceita desde cedo tanto nos círculos acadêmicos como pelas pessoas ligadas a atividades de bem-estar social, foi logo associada à "América oficial", ao mundo dos que tomam as decisões, em nível comunal e nacional. Ainda hoje a sociologia conserva essa filiação respeitável nas universidades, nos círculos econômicos e no governo. A designação raramente provoca desagrado, exceto por parte de racistas sulistas suficientemente letrados para terem lido as sotas de pé de página da decisão dessegregacionista de 1954. Entretanto, diríamos que tem existido uma corrente importante na sociologia americana, que a associa à "outra América" de linguagem desabrida de atitudes chocantes, aquele estado de espírito que não se deixa impressionar, comover ou enganar pelas ideologias oficiais.

Essa perspectiva marginal no cenário americano pode ser vista com toda clareza na figura de Thorstein Veblen, um dos mais importantes sociólogos dos Estados Unidos. Sua própria biografia constitui exercício de marginalismo: um temperamento difícil, polêmico; nasceu numa fazenda norueguesa na fronteira do Wisconsin; aprendeu inglês como uma língua estrangeira; envolveu-se durante toda a vida com indivíduos moral e politicamente suspeitos; um migrante de universidades; um inveterado sedutor de mulheres alheias. A perspectiva da sociedade americana proporcionada por esse ângulo de visão pode ser encontrada na veia satírica presente conspicuamente na obra de Veblen, sobretudo em sua *Teoria da classe do lazer*, uma impiedosa visão de baixo para cima das pretensões da alta burguesia americana. A visão que Veblen tinha da sociedade pode ser compreendida mais facilmente como uma série de percepções não rotárias – sua tese de "consumo conspícuo", oposta ao entusiasmo burguês pelas "coisas boas", suas análises dos processos econômicos em termos de manipulação e desperdício, opostos ao *ethos* de produtividade americano, sua percepção dos mecanismos da especulação imobiliária, oposta à ideologia comunitária americana, sua descrição da vida acadêmica (em *The Higher Learning in America*) em termos de fraude e vaidade, oposto ao culto americano à educação. Não nos estamos associando a um certo neoveblenismo que vem fazendo carreira entre alguns sociólogos americanos mais jovens, nem afirmando que Veblen tenha sido um gigante no desenvolvimento da disciplina. Estamos apenas apontando sua curiosidade irreverente e sua lucidez como marcas de uma perspectiva que surge naqueles lugares da cultura em que uma pessoa aos domingos se levanta ao meio-dia para fazer a barba. Tampouco afirmamos que lucidez seja uma marca geral de não respeitabilidade. É provável que a obtusidade e a preguiça mental estejam distribuídas com bastante regularidade em todo o espectro social. Entretanto, onde existe inteligência e onde ela consegue libertar-se dos tapa-olhos da respeitabilidade, podemos esperar uma visão mais clara da sociedade do que nos casos em que a imagística retórica é tomada como realidade.

Algumas correntes de estudos empíricos da sociologia americana comprovam esse mesmo fascínio com a concepção não respeitável da sociedade. Por exemplo, revendo o vigoroso desenvolvimento de estudos urbanos realizados pela Universidade de Chicago na década de 20, espanta-nos a atração aparentemente irresistível pelos lados mais desagradáveis da vida urbana demonstrado por esses pesquisadores. O conselho dado a seus alunos por Robert Park, a figura mais importante desse movimento, no sentido de que deviam sujar as mãos na pesquisa muitas vezes significa literalmente um interesse intenso por tudo aquilo que os habitantes respeitáveis de Chicago chamariam de "sujo". Percebemos em muitos desses estudos a excitação de descobrir os avessos picarescos da metrópole – estudos da vida nos cortiços, do mundo melancólico das casas de cômodos, de Skid Row, dos mundos do crime e da prostituição. Um dos resultados dessa chamada "Escola de Chicago" foi o estudo sociológico das ocupações, que em grande parte se deve ao trabalho pioneiro de Everett Hughes e seus estudantes. Também aqui encontramos fascinação por todos os mundos possíveis em que seres humanos vivem, não só com os mundos das ocupações respeitáveis, mas também com os da bailarina de *dancings*, do zelador de edifícios de apartamentos, do pugilista profissional e do músico de *jazz*. A mesma tendência pode ser discernida nos estudos comunitários americanos, que se seguiram aos famosos estudos *Middletown* de Robert e Helen Lynd. Inevitavelmente, esses estudos tinham de desdenhar as versões oficiais da vida comunitária, olhar a realidade social não só da perspectiva da prefeitura, como também da perspectiva da cadeia. Tal método sociológico constitui *ipso facto* uma refutação do pressuposto respeitável de que somente certas concepções do mundo devem ser levadas a sério.

Não desejaríamos dar uma impressão exagerada do efeito dessas investigações sobre a consciência dos sociólogos. Estamos bem cientes dos elementos de partidarismo político e romantismo inerentes em parte dessa atitude. Sabemos também que muitos sociólogos participam plenamente do *Weltanschauung* respeitável. Não obstante, insistiríamos em que a consciência sociológica predispõe uma pessoa para uma percepção de outros mundos, além do da respeitabilidade de classe média, uma percepção que já traz em si os germes da não respeitabilidade intelectual. No segundo estudo *Middletown*, os Lynds ofereceram uma análise clássica do espírito da classe média americana em sua série de "afirmações *é claro*" – isto é, afirmações que representam um consenso tão forte que a resposta a qualquer pergunta a seu respeito será habitualmente precedida pela expressão "é claro". "Nossa economia é de livre iniciativa?" "É claro!" "Todas as nossas decisões importantes são tomadas através do processo democrático?" "É claro!" "A monogamia é a forma natural do casamento?" "É claro!" Por mais conservador e conformista que seja o sociólogo em sua vida privada, ele sabe que há questões sérias a serem levantadas com relação a cada uma dessas afirmações. Basta essa tomada de consciência para conduzi-lo ao limiar da não respeitabilidade.

Esse tema de não respeitabilidade da consciência sociológica não implica necessariamente numa atitude revolucionária. Estamos dispostos a ir ainda mais longe e dizer que a percepção sociológica é refratária a ideologias revolucionárias, não porque traga consigo alguma espécie de preconceito conservador, e sim porque ela enxerga não só através das ilusões do *status quo* atual como também através das expectativas ilusórias concernentes a possíveis futuros, sendo tais expectativas o costumeiro alimento espiritual dos revolucionários. Em nossa opinião, essa sobriedade não revolucionária e moderadora da sociologia é altamente valiosa. O lamentável, do ponto de vista de uma pessoa, é o fato de que a compreensão sociológica por si só não leva necessariamente a maior tolerância em relação às fraquezas do gênero humano. Pode-se ver a realidade social com compaixão ou com cinismo – ambas atitudes são compatíveis com lucidez. Entretanto, quer encare compassiva ou cinicamente os fenômenos que estude, em maior ou menor grau o sociólogo abandonará os pressupostos não analisados de sua sociedade. Quaisquer que sejam suas ramificações nas emoções e na vontade, a não respeitabilidade deve continuar sempre como uma possibilidade constante na mente do sociólogo. Ela poderá ser segregada do resto de sua vida, obscurecida pelos estados mentais rotineiros da existência cotidiana ou até mesmo negada ideologicamente. Contudo, a respeitabilidade total de pensamento determinará invariavelmente a morte da sociologia. Esse é um dos motivos pelos quais a verdadeira sociologia desaparece imediatamente nos países totalitários, como bem exemplifica o caso da Alemanha nazista. Por extensão, a compreensão sociológica é sempre potencialmente perigosa aos olhos de policiais e outros guardiães da ordem pública, uma vez que ela tenderá sempre a relativizar a pretensão de absoluta correção em que tais pessoas gostam de repousar o espírito.

Antes de concluirmos este capítulo, gostaríamos de examinar mais uma vez este fenômeno de relativização a que já nos referimos algumas vezes. Diríamos agora explicitamente que a sociologia está muito sintonizada com o caráter da era moderna justamente por representar a consciência de um mundo em que os valores têm sido radicalmente relativizados. Essa relativização passou a integrar de tal forma nossa imaginação que se torna difícil para nós perceber plenamente até que ponto foram (e em alguns lugares ainda são) fechadas e absolutamente compulsórias as cosmovisões de outras culturas. Em seu estudo do Oriente Médio contemporâneo (*The Passing of Traditional Society*), o sociólogo americano Daniel Lerner nos proporcionou uma imagem bastante vívida do que significa "modernidade" como um tipo de consciência inteiramente novo nesses países. Para o espírito tradicional, um homem é o que é, onde está, e se torna impossível sequer imaginar que as coisas poderiam ser diferentes. O espírito moderno, em contraste, é móvel, participa vicariamente das vidas de outras pessoas, localizadas em outras partes, imagina com toda facilidade uma mudança de ocupação ou residência. Assim, Lerner constatou que alguns dos analfabetos que respondiam a seus questionários não tinham outra reação senão o riso ao lhes ser perguntado o que fariam se estivessem na situação de seus governantes, e nem sequer consideravam a pergunta sobre as circunstâncias em que estariam dispostos a deixar a aldeia natal. Em outras palavras, as sociedades tradicionais conferem identidades definidas e permanentes a seus membros. Na sociedade moderna, a própria identidade é incerta e mercurial. Na verdade, não se sabe o que se espera de uma pessoa como governante, como pai, como pessoa educada, ou o que significa ser sexualmente normal. Portanto, surge um aspecto típico da sociedade moderna – os peritos que resolvem essas questões. O editor do clube do livro diz o que é a cultura, o decorador determina qual o gosto que devemos ter, o psicanalista informa quem somos. Viver na sociedade moderna significa viver no centro de um caleidoscópio de papéis em constante mutação.

Mais uma vez devemos resistir à tentação de discorrer sobre este ponto, pois de outra forma abandonaríamos nosso raciocínio em favor de uma discussão geral da psicologia social da existência moderna. Preferimos, ao invés disso, acentuar o aspecto intelectual dessa situação, uma vez que nele constatamos uma dimensão importante da consciência sociológica. O índice sem precedentes de mobilidade geográfica e social da sociedade moderna expõe uma pessoa a uma variedade sem precedentes de maneiras de olhar o mundo. As informações sobre outras culturas que poderiam ser obtidas através de viagens são levadas à sala de estar pelos meios de comunicação. Alguém já definiu a sofisticação *blasé* como a capacidade de aceitar com naturalidade o fato de vermos diante de nossa casa um homem de tanga e turbante, com uma cobra enrolada ao pescoço, batendo um tantã, enquanto conduz um tigre pela coleira. É lógico que tal sofisticação tem seus graus, mas até certo ponto é demonstrada por toda criança que assiste à televisão. É lógico também que essa sofisticação é comumente apenas superficial e não se estende a uma verdadeira adoção de estilos alternativos de vida. Não obstante, as imensas possibilidades de viagens, pessoalmente ou através da imaginação, implica, pelo menos potencialmente, numa consciência de que a própria cultura, inclusive seus valores básicos, é relativa no tempo e no espaço. A mobilidade social, isto é, o movimento de uma camada social para outra, reforça esse efeito relativizador. Onde quer que ocorra um processo de industrialização, é injetado um novo dinamismo no sistema social. Grandes massas de pessoas começam a modificar sua posição social, em grupos ou como indivíduos. E geralmente essa modificação se dá num sentido "ascensional". Com esse movimento, muitas vezes se verifica na biografia de uma pessoa uma jornada considerável, não só através de vários grupos sociais, como também através de universos intelectuais que estão, por assim dizer, ligados a esses grupos. Assim, o postalista batista, que costumava ler *Seleções*, torna-se um subgerente episcopal que lê *The New Yorker*, ou a mulher do professor que passa a dirigir um departamento da universidade talvez troque os *best-sellers* do momento pelos livros de Proust ou Kafka.

Em vista dessa fluidez geral de cosmovisões na moderna sociedade, não espanta que nossa era se venha caracterizando como uma era de conversão. Nem deve surpreender que sobretudo os intelectuais se mostrem propensos a mudar suas cosmovisões radicalmente e com assombrosa frequência. A atração intelectual de sistemas teoricamente fechados e defendidos com vigor, como o catolicismo e o comunismo, tem sido analisada com frequência. A psicanálise, em todas as suas formas, pode ser vista como um mecanismo institucionalizado de conversão, na qual o indivíduo modifica não só suas ideias a respeito de si próprio, como a respeito do mundo em geral. A popularidade de uma legião de novos cultos e credos, apresentados em diferentes graus de refinamento intelectual, dependendo do nível educacional de seu público, constitui outra manifestação da inclinação à conversão de nossos contemporâneos. Quase se poderia dizer que o homem moderno, sobretudo o homem moderno educado, parece num perpétuo estado de dúvida quanto à sua própria natureza e do universo em que vive. Em outras palavras, a consciência da relatividade, que com toda probabilidade, em todas as épocas da historia, foi monopólio de um pequeno grupo de intelectuais, hoje se apresenta como um amplo fato cultural, que se estende até as camadas inferiores do sistema social.

Não queremos deixar a impressão de que este senso de relatividade e a resultante propensão a modificar todo um *Weltanschauung*, sejam manifestações de imaturidade intelectual ou emocional. É claro que não se deve tomar com exagerada seriedade alguns representantes dessa atitude. Contudo, diríamos que uma atitude essencialmente semelhante torna-se quase inelutável até mesmo nos mais sérios empreendimentos intelectuais. É impossível existir com plena consciência no mundo moderno sem perceber que os compromissos morais, políticos e filosóficos são relativos, que, como disse Pascal, o que é verdade de um lado dos Pireneus é mentira do outro. O exame intensivo dos sistemas de significados mais elaborados à nossa disposição proporciona uma percepção verdadeiramente assustadora da maneira como esses sistemas podem oferecer uma interpretação total da realidade, na qual estaria incluída uma interpretação dos sistemas alternativos e das maneiras de se passar de um sistema para outro. O catolicismo pode ter uma teoria sobre o comunismo, mas este devolve o cumprimento e apresenta uma teoria sobre o catolicismo. Para o pensador católico, o comunista vive num mundo sombrio de ilusão materialista com relação ao verdadeiro sentido da vida. Para o comunista, seu adversário católico está irremediavelmente preso na "falsa consciência" de uma mentalidade burguesa. Para o psicanalista, tanto o católico como o comunista podem estar simplesmente projetando, no nível intelectual, os impulsos inconscientes que realmente os dominam. E a psicanálise pode ser para o católico uma fuga da realidade do pecado, e para o comunista uma alienação das realidades da sociedade. Isto significa que a escolha de ponto de vista determinará a maneira como o indivíduo olhará sua própria biografia. Os prisioneiros de guerra americanos submetidos a "lavagem cerebral" pelos comunistas chineses modificaram completamente seus pontos de vista sobre questões políticas e sociais. Para aqueles que voltaram aos Estados Unidos, essa mudança representou uma espécie de enfermidade provocada por pressão exterior, tal como um convalescente poderia lembrar-se de um delírio de febre. Para seus ex-captores, entretanto, essa nova consciência representa uma breve vislumbre de verdadeira compreensão encaixado entre longos períodos de ignorância. E para os prisioneiros que resolveram não voltar, sua conversão ainda pode parecer uma passagem decisiva das trevas para a luz.

Ao invés de falarmos em conversão (termo com conotações religiosas) julgaríamos mais conveniente usar o termo mais neutro "alternação" para descrever esse fenômeno. A situação intelectual aqui descrita traz em seu bojo a possibilidade de que um indivíduo possa alternar entre sistemas de significado logicamente contraditórios. A cada alternação, o sistema de significados que ele adota proporciona-lhe uma explicação de sua própria existência e de seu mundo, incluindo-se nessa interpretação uma explicação do sistema de significados que ele abandonou. Além disso, o sistema de significados lhe oferece instrumentos para combater suas próprias dúvidas. A confissão católica, a "autocrítica" comunista e as técnicas psicanalíticas para vencer a "resistência" atendem ao mesmo propósito de evitar a alternação para algum outro sistema de significados, permitindo ao indivíduo interpretar suas próprias dúvidas em termos derivados do próprio sistema, o que contribui para que o indivíduo não o abandone. Em níveis inferiores de sofisticação, haverá também vários meios empregados para eliminar perguntas que pudessem ameaçar a fidelidade do indivíduo ao sistema, meios que se pode ver em funcionamento nos malabarismos dialéticos até mesmo de grupos relativamente pouco sofisticados como as Testemunhas de Jeová ou os Muçulmanos Negros.

Contudo, se uma pessoa resiste à tentação de aceitar tal dialética e estiver disposta a enfrentar a experiência de relatividade acarretada pelo fenômeno na alternação, toma conhecimento de outra dimensão crucial da consciência sociológica – a percepção de que não somente as identidades, mas também as ideias, são relativas, dependendo de localizações sociais específicas. Veremos num capítulo ulterior a considerável importância dessa percepção para a compreensão sociológica. Será suficiente dizer aqui que este tema relativizante constitui outra das molas mestras da atividade sociológica.

Tentamos, neste capítulo, delinear as dimensões da consciência sociológica através da análise de três temas – os de desmistificação, não respeitabilidade e relativização. A estes três acrescentaríamos, por fim, um quarto, muito menos profundo em suas implicações, mas que ajuda a completar nossa imagem – o motivo cosmopolita. Recuando a épocas muito antigas, foi nas cidades que surgiu uma atitude de abertura em relação ao mundo, a outras maneiras de pensar e agir. Quer pensemos em Atenas ou Alexandria, na Paris medieval ou na Florença renascentista, ou nos turbulentos centros urbanos da história moderna, podemos identificar uma certa consciência cosmopolita que caracterizava essencialmente a cultura citadina. Nesse caso, por mais apaixonadamente que o indivíduo esteja ligado à sua própria cidade, ele vagueia por todo o vasto mundo em suas viagens intelectuais. Seu espírito, senão seu corpo e suas emoções, sente-se à vontade onde quer que haja outros homens que pensem. Diríamos que a consciência sociológica se caracteriza pela mesma espécie de cosmopolitismo. É por isso que uma estreiteza de interesse constitui sempre sinal de perigo para a atividade sociológica (sinal de perigo que, infelizmente, cremos que se aplica a um número bastante grande de estudos sociológicos nos Estados Unidos atualmente). A perspectiva sociológica constitui um panorama amplo, aberto e emancipado da vida humana. O bom sociólogo é um homem interessado em outras terras, aberto interiormente à riqueza incomensurável das possibilidades humanas, sequioso de novos horizontes e novos mundos de significado humano. É provável que não seja necessário maior argumentação para se afirmar que esse tipo de homem pode desempenhar um papel particularmente útil no rumo atual dos acontecimentos.

3.

Excurso: Alternação e biografia
(Ou: Como adquirir um passado pré-fabricado)

No capítulo anterior tentamos demonstrar como o surgimento de uma consciência sociológica é particularmente provável numa situação cultural caracterizada pelo que chamamos de "alternação", a possibilidade de opção entre sistemas de significados diversos e às vezes contraditórios. Antes de passarmos à parte principal de nossa argumentação, que será uma tentativa de esboço de certos aspectos-chave da perspectiva sociológica sobre a existência humana, gostaríamos de nos deter por mais um momento nesse fenômeno de "alternação", afastando-nos um pouco de nosso rumo e perguntando que importância esse fenômeno poderá ter para um indivíduo que tente compreender sua própria biografia. Este excurso poderá deixar claro que a consciência sociológica constitui não só uma interessante novidade histórica que se pode estudar com proveito, como também uma ação bastante real para o indivíduo que procura ordenar e dar sentido aos fatos de sua própria vida.

Segundo o consenso geral, nossa vida é constituída por uma determinada sequência de acontecimentos, cuja soma representa nossa biografia. Escrever uma biografia, portanto, consiste em compilar esses acontecimentos em ordem cronológica ou de importância. Entretanto, até mesmo um registro puramente cronológico suscita a questão de quais os acontecimentos que devem ser incluídos, uma vez que nem tudo quanto o biografado fez pode ser registrado. Em outras palavras, até mesmo um registro puramente cronológico levanta questões referentes à importância relativa de certos acontecimentos. Isto se torna evidente ao se decidir aquilo que os historiadores chamam de "periodização". Exatamente em que ponto da história da civilização ocidental devemos supor que tenha começado a Idade Média? E exatamente em que ponto da biografia de uma pessoa podemos supor que sua juventude tenha terminado? Tais decisões são feitas quase sempre com base em acontecimentos que o historiador ou biógrafo consideram "momentos críticos" – digamos, a coroação de Carlos Magno ou o dia em que Joe Blow decidiu tornar-se membro da igreja e permanecer fiel à mulher. Contudo, até mesmo os mais otimistas historiadores e biógrafos (e também os autobiógrafos) têm seus momentos de dúvida quanto à escolha desses acontecimentos verdadeiramente decisivos. Podem pensar, por exemplo, que o verdadeiro momento crítico não foi a coroação de Carlos Magno e sim o momento em que ele completou a conquista sobre os saxões. Ou que talvez tenha sido o momento em que Joe renunciou à sua ambição de se tornar escritor que realmente marcou o começo de sua idade madura. É óbvio que a decisão entre um acontecimento ou outro depende do quadro de referência pessoal.

Este fato não passa inteiramente despercebido ao consenso geral. É encontrado na opinião de que é necessária uma certa maturidade para que se possa realmente compreender o que foi a vida passada. Por conseguinte, a consciência madura é aquela que possui, por assim dizer, uma posição epistemologicamente privilegiada. Tendo chegado à meia-idade, e depois de aceitar o fato de que sua mulher nunca vai ser mais bonita do que é e que seu emprego como subgerente de publicidade nunca vai tornar-se mais interessante do que é, Joe Blow lança os olhos para o passado e chega à conclusão de que suas antigas aspirações de possuir muitas mulheres belas ou de escrever o romance definitivo do meio século eram inteiramente imaturas. A maturidade é o estado de espírito que se acomodou, que se conciliou com o *status quo*, que renunciou aos sonhos mais atrevidos de aventura e realização. Não é difícil perceber que tal noção de maturidade desempenha a função psicológica de dar ao indivíduo uma justificativa para a redução de suas expectativas. Tampouco é difícil imaginar que o jovem Joe, se possuísse o dom da vidência, teria renegado sua meia-idade como uma imagem de derrota e desespero. Em outras palavras, diríamos que a noção de maturidade conduz realmente à pergunta do que é e do que não é importante na vida de uma pessoa. Aquilo que para um certo ponto de vista pode parecer sensata maturidade, para outro não passará de covarde transigência. É preciso admitir que envelhecer não representa necessariamente tornar-se mais sábio. E a perspectiva de hoje não tem nenhuma prioridade epistemológica sobre a do ano passado. Aliás, é exatamente isto que faz com que a maioria dos historiadores atuais encare com muita reserva qualquer ideia de progresso ou evolução nas coisas humanas. É muito fácil considerar nossa própria era como epítome do que os homens fizeram até agora, de modo que qualquer período passado possa ser julgado numa escala de progresso em termos de sua proximidade ou distância do ponto em que nos encontramos. É possível que o acontecimento decisivo na história do homem neste planeta tenha ocorrido numa tranquila tarde do ano 2045 a.C., quando um sacerdote egípcio despertou de sua sesta e de repente percebeu a resposta final ao enigma da existência humana – e imediatamente morreu sem nada dizer. Talvez tudo que desde então aconteceu não passe de um poslúdio inconsequente. A ninguém é dado saber, com a possível exceção dos deuses, cujas comunicações parecem lamentavelmente ambíguas.

Entretanto, voltando dessas especulações metafísicas para os problemas de biografia, é de se crer, portanto, que o curso dos acontecimentos que constituem a vida de uma pessoa pode estar sujeito a interpretações alternativas. Tampouco isto só pode ser feito pelo observador externo, como os biógrafos rivais que depois da morte de uma pessoa discutem sobre o verdadeiro significado daquilo que foi feito ou dito. Nós próprios nunca deixamos de interpretar e reinterpretar nossa própria vida. Como Henri Bergson demonstrou, a própria memória é um ato reiterado de interpretação. À medida que nos lembramos do passado, o reconstruímos de acordo com nossas ideias atuais sobre o que é e o que não é importante. É o que os psicólogos chamam de "percepção seletiva", embora geralmente apliquem o conceito ao presente. Isto significa que, em qualquer situação dada, diante de um número quase infinito de coisas que poderiam ser notadas, só notamos aquilo que tem relevância para nossos objetivos imediatos. O resto, ignoramos. No presente, entretanto, essas coisas que ignoramos podem ser lançadas sobre nossa consciência por alguém que as aponte. A menos que estejamos literalmente loucos teremos de admitir que elas realmente existem, embora possamos salientar que não estamos muito interessados nelas. Mas as coisas do passado que decidimos ignorar são muito mais indefesas diante de nosso esquecimento aniquilador. Não nos podem ser mostradas contra a nossa vontade, e apenas em casos raros (como, por exemplo, em processos criminais) somos confrontados com provas que não podemos refutar. Isto significa que o bom-senso erra redondamente ao considerar que o passado seja algo fixo, imutável, invariável, oposto ao fluxo contínuo do presente. Pelo contrário, pelo menos em nossas próprias consciências, o passado é maleável e flexível, modificando-se constantemente à medida que nossa memória reinterpreta e reexplica o que aconteceu. Assim, temos tantas vidas quanto pontos de vista. Estamos sempre a reinterpretar nossa biografia, de uma maneira muito semelhante à contínua reelaboração da Enciclopédia Soviética pelos stalinistas, atribuindo importância decisiva a alguns acontecimentos, enquanto outros são relegados a um ostracismo ignominioso.

Podemos supor com segurança que esse processo de reformulação do passado (que provavelmente é inerente ao simples fato da própria linguagem) seja tão antigo quanto o *homo sapiens*, senão quanto seus ancestrais hominoides, e que ele ajudou a suportar os longos milênios em que os homens fizeram pouco mais que brandir suas machadinhas. Todo rito de passagem é um ato de interpretação histórica e todo ancião sábio é um teórico do desenvolvimento histórico. Mas o que é típico da era moderna é a frequência e a rapidez com que tais reinterpretações ocorrem nas vidas de muitos indivíduos, e a situação cada vez mais comum em que se pode escolher entre diferentes sistemas de interpretação nesse jogo de recriação do mundo. Como já observamos no capítulo anterior, a grande intensificação da mobilidade geográfica e social constitui causa importante desse fenômeno. Alguns exemplos tornarão mais claro este ponto.

As pessoas que mudam seu ponto de vista geográfico frequentemente mudam também a imagem que fazem de si mesmas. Basta lembrar as espantosas transformações de identidade que podem resultar de uma simples mudança de residência. Certos lugares têm servido como os locais clássicos em que tais transformações se processam, quase que numa linha de montagem. Não se pode, por exemplo, compreender Greenwich Village sem compreender Kansas City. Desde seu surgimento como local de reunião de pessoas interessadas em mudar sua identidade, o Village tem atuado como um mecanismo sociopsicológico, em que homens e mulheres passam como que por uma retorta mágica, entrando como burgueses quadradões e saindo como contestadores. O que era correto antes torna-se incorreto depois, e vice-versa. Aquilo que era tabu torna-se obrigatório, o que era óbvio torna-se risível, e aquilo que constituía o mundo de uma pessoa transforma-se naquilo que é preciso ultrapassar. É evidente que tal transformação envolve uma reinterpretação do passado, bastante radical, aliás. A pessoa passa a perceber que os grandes embates emocionais do passado não foram senão gozos pueris, que aquelas pessoas que se consideravam importantes não passavam de provincianos limitados. Os acontecimentos que antes constituíam motivo de orgulho agora não passam de episódios embaraçosos na pré-história de uma pessoa. Podem até ser expulsos da lembrança, se estiverem demasiado em desacordo com a imagem pessoal presente. Assim, o dia glorioso em que se foi orador da turma dá lugar, na biografia reconstituída, a uma noite, na época aparentemente sem importância, em que pela primeira vez se tentou pintar, e ao invés de se contar o início de uma era a partir do dia em que se aceitou Jesus num retiro religioso da escola, a efeméride passa a ser outra data, antes de vergonha ansiosa, mas agora de decisiva autolegitimização, a noite em que se perdeu a virgindade no banco traseiro de um automóvel. Passamos pela vida modificando nosso calendário de dias de guarda, afixando e destruindo os marcos que assinalam nosso caminho pelo tempo na direção de realizações sempre diferentes. Pois já deverá estar claro que nenhuma mágica é tão forte que não possa ser vencida por outra mais nova. Mais tarde Greenwich Village poder-se-á tornar apenas outra fase em nossa vida, outra experiência, até mesmo outro engano. Marcos antigos poderão ser recuperados dos escombros de cronologias abandonadas. Por exemplo, a experiência de conversão no retiro da escola poderá ser vista mais tarde como a primeira tentativa hesitante na direção da verdade que agora uma pessoa percebeu inteiramente, ao abraçar o catolicismo. E categorias ordinais inteiramente novas podem ser impostas ao mesmo passado. Assim, por exemplo, uma pessoa poderá descobrir na psicanálise que tanto a conversão como a iniciação sexual, tanto as coisas de que se orgulhava e as de que se envergonhava, e que tanto as interpretações iniciais e as posteriores desses acontecimentos faziam parte da mesma síndrome neurótica. E assim por diante, *ad infinitum* – e *ad nauseam*.

Para não dar aos últimos parágrafos a aparência de um romance vitoriano, fomos parcimoniosos na utilização das aspas. Mesmo assim, já deve estar claro que agimos com insinceridade ao falar de "compreender" isto ou "descobrir" aquilo. A compreensão "verdadeira" de nosso passado depende de nosso ponto de vista. Além disso, obviamente, nosso ponto de vista pode mudar. Por conseguinte, a "verdade" é uma questão não só de geografia como também da hora do dia. A "compreensão" de hoje torna-se a "desculpa" de amanhã e vice-versa.

A mobilidade social (o movimento de um nível da sociedade para outro) tem consequências muito semelhantes em termos da reinterpretação da vida de uma pessoa, tanto quanto a mobilidade geográfica. Tomemos como exemplo a maneira como a autoimagem de um homem se modifica à medida que ele ascende na hierarquia social. É possível que o aspecto mais triste dessa mudança seja a maneira como ele agora reinterpreta seus relacionamentos com as pessoas e os fatos que lhe eram mais caros. Por exemplo, tudo quanto se relaciona com o bairro italiano da infância passa por uma mutação malevolente quando visto do ângulo da casa do bairro chique onde finalmente se conseguiu chegar. A mocinha dos sonhos juvenis transforma-se numa camponesa ignorante, embora bonita. As amizades da juventude tornam-se lembranças irritantes de uma antiga personalidade embaraçosa, há muito abandonada juntamente com velhas ideias sobre honra, magia e patriotismo de esquina. Até a velha *mamma*, que era o centro do universo, tornou-se uma italiana tola que se deve pacificar ocasionalmente com a exibição fraudulenta de uma personalidade que não existe mais. Também nesse quadro há elementos que devem ser tão antigos quanto a humanidade, uma vez que o fim da infância presumivelmente sempre significou um crepúsculo dos deuses. O que existe hoje de novo é que um número enorme de crianças de nossa sociedade não só se tornam adultas, como, ao assim fazer, passam para mundos sociais inteiramente além da compreensão de seus pais. Esta é uma consequência inevitável de mobilidade social maciça. Como há bastante tempo a sociedade americana é uma sociedade de alta mobilidade, muitos americanos passam aparentemente anos e anos reinterpretando seu próprio passado, recontando repetidamente (a eles próprios *e* a outras pessoas) a história do que eram e do que se tornaram – e nesse processo matam os pais num ritual sacrifical do espírito. Escusado dizer, as frases "o que eram" e "o que se tornaram" têm de vir entre aspas! Não é de admirar, aliás, que a mitologia freudiana do parricídio haja encontrado fácil aceitação na sociedade americana, e principalmente naqueles setores burgueses adventícios para os quais essa reelaboração de biografias constitui uma necessidade social para legitimização de um *status* alcançado a duras penas.

Os exemplos de mobilidade geográfica e social meramente ilustram com mais vigor um processo que ocorre em toda a sociedade e em muitas situações sociais diferentes. O marido confessional que reinterpreta os romances de seu passado para dispô-los numa linha ascendente que culmine com seu casamento, a mulher recém-divorciada que reinterpreta seu casamento desde o início, de maneira tal que cada uma de suas fases sirva como explicação para o fracasso final, o mexeriqueiro inveterado que reinterpreta suas várias relações em cada novo grupo de que participa (explicando sua relação com A de um certo modo a B, fazendo parecer que B seja seu amigo íntimo, e depois sacrificando essa pretensa intimidade ao mexericar sobre B com A, e assim por diante), o homem que descobriu ser enganado por alguém em quem confiava, e que agora finge que sempre suspeitou dessa pessoa (fingindo isto tanto para si mesmo como para outras pessoas) – todos esses exemplos ilustram o eterno passatempo de corrigir o destino pela reformulação da história. No entanto, na maioria desses casos o processo de reinterpretação é parcial e, na melhor das hipóteses, semiconsciente. Uma pessoa só retifica as partes do passado que necessitam de retificação, deixando intactas aquelas que puder incorporar à sua autoimagem atual. Além disso, essas contínuas modificações e ajustes na biografia raramente se integram numa definição clara e coerente da personalidade. Poucos dentre nós se dispõem deliberadamente a traçar um retrato de corpo inteiro de nós mesmos. Ao invés disso, tropeçamos como bêbados sobre a tela desdobrada de nossa autoconcepção, atirando um pouco de tinta aqui, apagando algumas linhas ali, sem na verdade nunca parar para examinar bem o que estamos produzindo. Em outras palavras, poderíamos aceitar a ideia existencialista de que nos criamos a nós mesmos, se acrescentarmos a observação de que a maior parte dessa criação ocorre de maneira fortuita e no máximo em semiconsciência.

Há alguns casos, contudo, em que a reinterpretação do passado faz parte de uma atividade deliberada, plenamente consciente e intelectualmente integrada. Isto acontece quando a reinterpretação da biografia constitui um dos aspectos de conversão a um novo *Weltanschauung* religioso ou ideológico, isto é, um sistema de significado universal *dentro do qual* possa ser situada uma biografia pessoal. Assim, o convertido a uma fé religiosa pode agora entender sua vida pregressa como um movimento providencial em direção ao momento em que a névoa se dissipou diante de seus olhos. Exemplos clássicos disto seriam as *Confissões*, de Santo Agostinho, ou a *Apologia Pro Vita Sua*, de Newman. A conversão traz uma nova periodização à biografia – aC. e dC., pré-cristão e cristão, pré-católico e católico. Inevitavelmente, o período anterior ao fato agora designado como decisivo é interpretado como uma preparação. Os profetas da antiga dispensação são considerados precursores e arautos da nova. Em outras palavras, a conversão é um ato no qual *o passado* é dramaticamente transformado.

O *satori*, a experiência de iluminação procurada no zen-budismo, é descrito como "ver as coisas com novos olhos". Conquanto a definição se aplique à perfeição com relação a conversões religiosas e metamorfoses místicas, as modernas fés seculares proporcionam experiências muito semelhantes para seus prosélitos. O processo de se tornar comunista, por exemplo, envolve uma drástica reavaliação da vida anterior de uma pessoa. Da mesma forma que o novo cristão agora compreende que sua vida anterior foi uma longa noite de pecado e alienação, diante da verdade salvadora, o jovem comunista vê seu passado como um cativeiro na "falsa consciência" de uma mentalidade burguesa. Os fatos passados têm de ser reinterpretados radicalmente. Aquilo que era alegria descuidada agora é classificado sob o pecado do orgulho, ou aquilo que era integridade pessoal passa a ser visto como sentimentalismo burguês. Consequentemente, os relacionamentos passados também precisam ser reavaliados. Até mesmo o amor aos pais talvez tenha de ser descartado como uma tentação à apostasia ou como traição ao partido.

Para muitas pessoas de nossa sociedade, a psicanálise proporciona um método análogo para dar sentido aos fragmentos discrepantes de suas biografias. Esse método é de especial utilidade para uma acomodada sociedade de classe média, demasiado "madura" para a corajosa renúncia exigida pela religião ou pela revolução. Contendo em seu sistema um meio elaborado e supostamente científico para explicar todo o comportamento humano, a psicanálise oferece a seus adeptos o conforto de um retrato convincente de si mesmos, sem lhes impor exigências morais e sem transformar seus esquemas socioeconômicos. Em comparação com o cristianismo ou o comunismo, isto constitui evidentemente um aperfeiçoamento tecnológico no campo da conversão. Afora isto, a reinterpretação do passado se faz da mesma maneira. Pais, mães, irmãos, irmãs, esposas e filhos são atirados um a um no caldeirão conceitual, donde emergem como figuras metamorfoseadas do panteão freudiano. Édipo leva Jocasta ao cinema e contempla o Pai Primal do outro lado da mesa de jantar. E agora tudo faz sentido.

A experiência de conversão a um sistema de significados capaz de impor ordem aos dados dispersos de uma biografia pessoal é tranquilizante e profundamente recompensadora. É possível que isto tenha raízes numa profunda necessidade humana de ordem, finalidade e inteligibilidade. Contudo, a suspeita de que esta ou qualquer outra conversão não seja necessariamente definitiva, de que uma pessoa pode-se converter e reconverter, constitui uma das ideias mais terrificantes que podem surgir na mente humana. A experiência daquilo a que demos o nome de "alternação" (que é precisamente a percepção de si mesmo diante de uma sucessão infinita de espelhos, cada um dos quais transforma a imagem numa diferente conversão potencial) leva a uma sensação de vertigem, uma agorafobia metafísica diante dos intermináveis horizontes do possível "eu". Gostaríamos muitíssimo de poder apresentar a sociologia como a pílula mágica que se engoliria para que todos esses horizontes se arrumassem automaticamente em seus lugares. Se assim procedêssemos, estaríamos simplesmente acrescentando mais uma mitologia a todas as outras que prometem alívio às ansiedades epistemológicas do mal da "alternação". O sociólogo, enquanto sociólogo, não pode oferecer tal salvação (ele pode ser um guru em suas atividades extracurriculares, mas isto é outra questão). Ele é igual a qualquer outro homem, no sentido de que tem de existir numa situação em que a informação sobre o significado final das coisas é esparsa, muitas vezes evidentemente falsa e provavelmente nunca convincente. Não traz no bolso do colete nenhum milagre epistemológico. Na verdade, o quadro de referência sociológico constitui apenas outro sistema de interpretação capaz de ser aplicado à existência e que pode ser ultrapassado também em outras tentativas de hermenêutica biográfica.

Não obstante, o sociólogo pode oferecer uma ideia muito simples, e por isso útil a homens que estejam tentando encontrar seu caminho através da selva de cosmovisões em conflito. Trata-se da ideia de que todas essas cosmovisões *têm base social*. Para usarmos uma outra expressão, todo *Weltanschauung* é uma conspiração. Os conspiradores são aqueles que constroem uma situação social na qual a cosmovisão em questão é aceita sem discussão. O indivíduo que se encontra nessa situação torna-se a cada dia cada vez mais propenso a aceitar seus princípios básicos. Isto é, modificamos nossas cosmovisões (e, portanto, nossas interpretações e reinterpretações de nossa biografia) à medida que passamos de um mundo social para outro. Somente os loucos ou raros gênios podem habitar sozinhos em seus mundos de significados. A maioria das pessoas adquire seus significados de outras pessoas, cujo apoio constante é necessário para que esses significados possam continuar a ter credibilidade. As igrejas constituem órgãos para o fortalecimento mútuo de interpretações. O *hippie* precisa de ter uma subcultura *hippie*, como também o pacifista, o vegetariano e o cientista cristão. Mas o burguês bem ajustado, maduro, sensato e que tem "os pés na terra" também necessita de um contexto social específico que aprove e mantenha seu estilo de vida. Na verdade, cada um desses termos – "ajustamento", "maturidade", "sanidade", etc.– refere-se a situações socialmente relativas e não tem nenhum sentido quando dissociado delas. Uma pessoa se ajusta a determinada sociedade. Amadurece ao se habituar a ela. É sã se partilha seus pressupostos cognitivos e normativos.

Por conseguinte, quem muda seus sistemas de significados tem de mudar suas relações sociais. O homem que se redefine através do casamento com determinada mulher tem de abandonar os amigos que não se enquadram nessa autodefinição. Um católico que se casa com uma não católica expõe a risco seu catolicismo, tanto quanto o músico *hippie* arrisca *sua* ideologia se almoçar com demasiada frequência com seu empresário comercial. Os sistemas de significados têm uma estrutura social. O comunista chinês encarregado do programa de "lavagem cerebral" conspira com sua vítima na fabricação de uma nova biografia para ela, o mesmo que o psicanalista faz com seu paciente. É claro que, em ambas situações, a vítima/paciente passa a acreditar que está "descobrindo" a seu respeito verdades que já existiam muito antes de ter início essa determinada conspiração. O sociólogo demonstrará, na pior das hipóteses, ceticismo em relação a essa convicção. Suspeitará profundamente de que aquilo que se afigura como descoberta não passa de invenção. E saberá que a plausibilidade daquilo que é assim inventado está em relação direta com a força da situação social dentro da qual a invenção é fabricada.

Num capítulo posterior discorreremos mais longamente a respeito dessa perturbadora relação entre aquilo que pensamos e as pessoas com quem ceamos. Neste excurso tentamos demonstrar que a experiência de relatividade e "alternação" não é apenas um fenômeno histórico global, e sim um problema existencial bastante real na vida do indivíduo. A investigação sociológica das raízes sociais dessa experiência talvez não constitua grande consolo para aqueles que gostariam de encontrar uma resposta filosófica ou teológica para esse torturante problema. Entretanto, neste mundo de revelações lamentavelmente racionadas, não se deve desprezar nada que possa ser de alguma utilidade. Ao interpor a cada momento a irritante pergunta *"Quem disse?"* no grandioso debate das *Weltanschauungen*, a perspectiva sociológica introduz um elemento de moderado ceticismo que tem a utilidade imediata de oferecer alguma proteção, pelo menos contra o perigo de uma conversão demasiado fácil. A consciência sociológica atua dentro de um quadro de referência que permite a uma pessoa considerar sua biografia como um movimento dentro e através de mundos sociais específicos, aos quais estão ligados sistemas de significados específicos. Isto não soluciona absolutamente o problema da verdade. Mas torna menos provável que sejamos iludidos por todo missionário que encontrarmos.

4.

A perspectiva sociológica –
O homem na sociedade

Ao chegarem a uma certa idade, as crianças ficam profundamente admiradas com a possibilidade de se localizarem num mapa. Parece estranho que a vida familiar de uma pessoa tivesse transcorrido inteiramente numa área delineada por um sistema de coordenadas impessoais (e até então desconhecidas) na superfície de um mapa. As exclamações da criança – "Estive aqui!", "Agora estou aqui!" – revelam o assombro pelo fato de que o local das férias do verão passado, um local marcado na memória por fatos pessoais como a propriedade do primeiro cachorro ou uma coleção secreta de minhocas, tenha latitudes e longitudes específicas, determinadas por estranhos que não conhecem o cachorro, as minhocas ou a própria criança. Essa localização do "eu" em configurações concebidas por estranhos constitui um dos aspectos importantes daquilo que, talvez eufemisticamente, é chamado de "crescer". Uma pessoa participa do mundo real dos adultos por possuir um endereço. A criança que talvez recentemente poria no correio uma carta endereçada "A vovô" agora informa a um colega caçador de minhocas seu endereço exato – rua, cidade, estado e o que mais for necessário – e vê sua tentativa de ingresso na cosmovisão adulta legitimada espetacularmente pela chegada da carta do amigo.

À medida que a criança continua a aceitar a realidade dessa cosmovisão, continua a colecionar endereços – "Tenho seis anos",

"Meu nome é Brown, como o de meu pai, é porque meus pais são divorciados", "Sou presbiteriano", "Sou americano", e, quem sabe, "Estou na classe especial dos meninos inteligentes, porque meu Q.I. é 130". Os horizontes do mundo, da maneira como os adultos o definem, são determinados pelas coordenadas de cartógrafos remotos. A criança pode exibir identificações alternadas ao se apresentar como pai ao brincar de casinha, como um cacique indígena ou como Davy Crockett, mas não deixará de saber em nenhum momento que está apenas brincando e que os fatos reais a seu respeito são aqueles registrados em sua ficha escolar. Abandonamos as aspas e assim denunciamos que também nós fomos induzidos à sanidade em nossa infância – é claro que devíamos escrever todas as palavras-chave entre aspas: "saber", "reais", "fatos". A criança sadia é aquela que acredita no que está registrado em sua ficha escolar. O adulto normal é aquele que vive dentro das coordenadas que lhe foram atribuídas.

Aquilo a que se chama consenso geral é na verdade o mundo dos adultos aceito como óbvio – a ficha escolar transformou-se numa ontologia. Agora a personalidade passa a ser identificada, naturalmente, com a maneira como a pessoa está localizada com precisão no mapa social. O que isto significa para a identidade e as ideias de uma pessoa será tratado mais extensamente no próximo capítulo. O que nos interessa no momento é a maneira como essa localização informa a um indivíduo aquilo que ele pode fazer e o que pode esperar da vida. Estar localizado na sociedade significa estar no ponto de interseção de forças sociais específicas. Geralmente quem ignora essas forças age com risco. A pessoa age em sociedade dentro de sistemas cuidadosamente definidos de poder e prestígio. E depois que aprende sua localização, passa também a saber que não pode fazer muita coisa para mudar a situação.

A maneira como os indivíduos de classe mais baixa usam o pronome "eles" exprime com bastante exatidão essa consciência da heteronomia da vida de uma pessoa. "Eles" arrumam as coisas dessa ou daquela maneira, "eles" dão o tom, "eles" fazem as regras. Talvez não seja muito fácil identificar esses "eles" com determinados indivíduos ou grupos. É o "sistema", o mapa traçado por estranhos, sobre o qual tem-se de continuar a rastejar. Mas isto seria uma maneira unilateral de se considerar "o sistema", se se pressupõe que este conceito perde seu significado quando uma pessoa passa para as camadas superiores da sociedade. A rigor, haverá uma maior sensação de liberdade de movimento e decisão, o que será verdade. Mas as coordenadas básicas dentro das quais se pode mover e tomar decisões ainda terão sido traçadas por outros, na maioria estranhos, muitos deles mortos, há muito tempo. Até mesmo o autocrata total exerce sua tirania contra uma constante resistência, não necessariamente resistência política, mas a resistência do costume, das convenções e do simples hábito. As instituições trazem consigo um principio de inércia, talvez alicerçada, em última instância, na rocha firme da estupidez humana. O tirano constata que, embora ninguém se atreva a contestá-lo, mesmo assim suas ordens serão frequentemente anuladas por mera falta de compreensão. A trama alienígena da sociedade se reafirma até mesmo diante do terror. Entretanto, deixemos de lado a questão da tirania. Nos níveis ocupados pela maioria dos homens, inclusive o autor e (supomos) quase todos os leitores destas linhas, a localização na sociedade constitui uma definição de regras que têm de ser obedecidas.

Como vimos, o consenso geral da sociedade entende isto. O sociólogo não contradiz esse entendimento. Ele o aguça, analisa suas raízes, às vezes o modifica ou o amplia. Veremos mais tarde que a perspectiva sociológica finalmente ultrapassa o consenso geral do "sistema" e de nosso cativeiro nele. Entretanto, na maioria das situações sociais específicas que o sociólogo se dispõe a analisar, ele encontrará poucos motivos para desmentir a ideia de que são "eles" quem mandam. Ao contrário, "eles" terão ainda mais ascendência sobre nossas vidas do que julgávamos antes da análise sociológica. Este aspecto da perspectiva sociológica pode ser melhor esclarecido pelo exame de duas importantes áreas de investigação – o controle social e a estratificação social.

Controle social é um dos conceitos mais utilizados em sociologia. Refere-se aos vários meios usados por uma sociedade para "enquadrar" seus membros recalcitrantes. Nenhuma sociedade pode existir sem controle social. Até mesmo um pequeno grupo de pessoas que se encontrem apenas ocasionalmente terá de criar seus mecanismos de controle para que o grupo não se desfaça em muito pouco tempo. É escusado dizer que os instrumentais de controle social variam muitíssimo de uma situação social para outra. A oposição numa organização comercial pode acarretar aquilo que os gerentes de pessoal chamam de "entrevista final" e que as organizações criminais chamam de último passeio de automóvel. Os métodos de controle variam de acordo com a finalidade e o caráter do grupo em questão. Em qualquer um dos casos, os mecanismos sociais funcionam de maneira a eliminar membros indesejáveis e (como foi enunciado de maneira clássica pelo Rei Christophe do Haiti, quando mandou executar um décimo de seus trabalhadores) "para estimular os outros".

O meio supremo e, sem dúvida, o mais antigo, de controle social é a violência física. Na sociedade selvagem das crianças ainda é o mais importante. Entretanto, até mesmo nas polidas sociedades das modernas democracias, o argumento final é a violência. Nenhum Estado pode existir sem uma força policial ou seu equivalente em poderio armado. Essa violência final pode não ser usada com frequência. Poderá haver inúmeras medidas antes de sua aplicação, à guisa de advertência e reprimenda. Mas se todas as advertências forem ignoradas, mesmo numa questão secundária como pagar uma multa de trânsito, o ato final será o aparecimento de dois policiais à porta do cidadão, com algemas e um tintureiro. Até mesmo o guarda moderadamente cortês que entregou o talão de multa provavelmente usava uma arma – no caso de ser necessária... E até mesmo na Inglaterra, onde os guardas não portam armas, receberá uma se a situação exigir.

Nas democracias ocidentais, onde prevalece a ênfase ideológica na submissão voluntária às leis votadas por representantes populares, essa presença constante da violência oficial é menos visível. O importante é que todos saibam que ela existe. A violência é o alicerce supremo de qualquer ordem política. O consenso geral da sociedade percebe isto, o que talvez tenha alguma coisa a ver com a generalizada relutância popular em eliminar a pena capital do Direito Penal (embora provavelmente essa relutância se baseie em doses iguais de estupidez, superstição e do bestialismo congênito que os juristas partilham com a maior parte de seus concidadãos). Contudo, a afirmativa de que a ordem política repousa em última análise na violência também é válida em relação aos Estados que aboliram a pena capital. Sob certas circunstâncias, os membros da polícia estadual de Connecticut (onde uma cadeira elétrica adorna a penitenciária central) recebem permissão para usar suas armas, mas a mesma possibilidade está aberta a seus colegas de Rhode Island, onde as autoridades policiais e penitenciárias não desfrutam das vantagens da pena capital. Não é preciso ressaltar que nos países de ideologia menos democrática e humanitária os instrumentos de violência são exibidos – e empregados – com muito menos discrição.

Como o uso constante da violência seria impraticável, e além disso ineficiente, os órgãos oficiais de controle social confiam sobretudo na influência inibidora da disponibilidade dos meios de violência. Por vários motivos, essa atitude geralmente se justifica em qualquer sociedade que não esteja à beira da dissolução catastrófica (como, digamos, em situações de revolução, derrota militar ou desastre natural). O motivo mais importante é o fato de que, mesmo nos Estados ditatoriais ou terroristas, um regime tende a ganhar aquiescência e até aprovação com a simples passagem do tempo. Não cabe aqui entrar na dinâmica sociopsicológica deste fato. Nas sociedades democráticas há no mínimo a tendência de a maioria das pessoas aceitar os valores em nome dos quais os meios de violência são empregados (isto não significa que estes valores tenham de ser bons – a maioria dos brancos em algumas comunidades do Sul dos Estados Unidos pode ser, por exemplo, favorável ao uso da violência, por parte dos serviços policiais, a fim de manter a segregação –, mas significa que a utilização dos meios de violência é aprovada pelo grosso da população). Em qualquer sociedade normal a violência é utilizada com parcimônia e como último recurso, e a mera ameaça dessa violência final basta para o exercício cotidiano do controle social. Para os fins a que nos propomos, o fato mais importante a salientar é que quase todos os homens vivem em situações sociais nas quais, se todos os outros meios de coerção falharem, a violência pode ser oficial e legalmente usada contra eles.

Compreendido assim o papel da violência no controle social, torna-se claro que os, por assim dizer, penúltimos meios de coerção são quase sempre mais importantes para a maioria das pessoas. Embora haja uma certa monotonia quanto aos métodos de intimidação imaginados pelos juristas e pelos policiais, os instrumentais subviolentos de controle social apresentam grande variedade e, às vezes, muita imaginação. É provável que, após os controles políticos e legais, se deva situar a pressão econômica. Poucos meios coercitivos são tão eficientes como aqueles que ameaçam o ganha-pão ou o lucro. Tanto os empregadores como os trabalhadores usam com eficácia essa ameaça como instrumento de controle em nossa sociedade. Entretanto, os meios econômicos de controle também são eficientes fora das instituições que compreendem a "economia". As universidades e as igrejas utilizam as sanções econômicas com a mesma eficiência, a fim de impedir seu pessoal de se entregar a uma conduta discordante que as respectivas autoridades julgarem ultrapassar os limites do aceitável. Talvez não seja realmente ilegal que um ministro religioso seduza sua organista, mas a ameaça de ser impedido para sempre do exercício de sua profissão constituirá um controle muito mais eficiente sobre essa tentação que a possível ameaça de ter de ir para a cadeia. É fora de dúvida não ser ilegal um ministro expor sua opinião sobre assuntos que a burocracia eclesiástica preferiria ver sepultados no silêncio, mas a possibilidade de passar o resto da vida em paróquias rurais de baixa remuneração constitui realmente um argumento muito poderoso. É claro que tais argumentos são empregados mais abertamente em instituições econômicas propriamente ditas, mas a utilização de sanções econômicas nas igrejas e universidades não difere muito, em seus resultados, da que se verifica no mundo dos negócios.

Onde quer que seres humanos vivam ou trabalhem em grupos compactos, nos quais são conhecidos pessoalmente e aos quais estão ligados por sentimentos de lealdade pessoal (aquilo que os sociólogos chamam de grupos primários), mecanismos de controle a um só tempo muito potentes e muito sutis são constantemente aplicados ao transgressor real ou potencial. Tratam-se dos mecanismos de persuasão, ridículo, difamação e opróbrio. Já se descobriu que em discussões grupais que se estendem durante um certo período, os indivíduos modificam suas opiniões originais, ajustando-as à norma grupal, que corresponde a uma espécie de média aritmética de todas as opiniões representadas no grupo. O ponto a que leva essa norma depende obviamente do grupo. Por exemplo, se tivermos um grupo de vinte canibais discutindo o canibalismo com um não canibal, as probabilidades maiores são de que ao fim este último saia convencido e que, com apenas algumas reservas para manter as aparências (referentes, digamos, ao consumo de parentes próximos), cederá completamente ao ponto de vista da maioria. Mas se tivermos uma discussão entre dez canibais que consideram a carne de pessoas de mais de sessenta anos como dura demais para um paladar apurado e dez outros canibais que estabelecem o limite aos cinquenta anos, é provável que por fim o grupo concorde em estabelecer o limite em cinquenta e cinco anos, refugando como alimento os prisioneiros que ultrapassarem esta idade. Assim se processa a dinâmica grupal. O que jaz no fundo dessa pressão aparentemente inevitável no sentido de um consenso será provavelmente um profundo desejo humano de ser aceito, talvez por qualquer grupo que estiver à mão. Esse desejo pode ser manipulado com toda eficiência, como bem sabem os terapeutas de grupo, os demagogos e outros especialistas no campo da "engenharia do consenso".

O ridículo e a difamação são instrumentos potentes de controle social em grupos primários de todas as espécies. Muitas sociedades usam o ridículo como um dos principais controles sobre crianças – a criança obedece à norma não por receio de castigo, mas para não ser alvo de zombaria. Em nossa própria cultura, isto tem constituído importante medida disciplinar entre os negros do Sul. No entanto, a maioria das pessoas já sentiu o medo arrepiante de cair no ridículo em alguma situação social. A difamação, ou o mexerico, como é bem sabido, é de especial eficácia em pequenas comunidades, onde a maior parte das pessoas conduz suas vidas num alto grau de visibilidade e possibilidade de inspeção por parte de seus vizinhos. Em tais comunidades, o disse me disse é um dos principais canais de comunicação, essencial à manutenção da trama social. Tanto o ridículo como a difamação podem ser manipulados deliberadamente por qualquer pessoa inteligente que tenha acesso às suas linhas de transmissão.

Finalmente, uma das punições mais devastadoras à disposição de uma comunidade humana consiste em submeter um de seus membros ao opróbrio e ostracismo sistemáticos. De certa forma é irônico constatar que este é um mecanismo de controle favorito de grupos que se opõem em princípio ao uso da violência. Exemplo disso seria a "rejeição" entre os menonitas. Um indivíduo que quebra um dos principais tabus do grupo (por exemplo, envolver-se sexualmente com um estranho) é "rejeitado". Isto significa que, conquanto possa continuar a trabalhar e viver na comunidade, ninguém jamais lhe dirigirá a palavra. É difícil imaginar um castigo mais cruel. Entretanto, essas são as maravilhas do pacifismo.

Um dos aspectos do controle social que deve ser salientado é o fato de se basear frequentemente em afirmações fraudulentas. Num capítulo posterior, retomaremos a importância da fraude para uma compreensão sociológica da vida humana; aqui frisaremos apenas que uma concepção de controle social é incompleta, e portanto tendenciosa, se esse elemento não for levado em consideração. Um garotinho pode exercer considerável controle sobre seu círculo de colegas se tiver um irmão maior que, se necessário, possa ser convocado para sovar algum adversário. Contudo, na falta de tal irmão, é possível inventar um. Nesse caso só dependerá do talento de relações públicas do garotinho conseguir traduzir essa invenção em controle real. As mesmas possibilidades de fraude existem em todas as formas de controle social discutidas. É por isso que a inteligência contribui para a sobrevivência quando se trata de competir com a brutalidade, a maldade e recursos materiais. Voltaremos ainda a este ponto.

Podemos, então, considerar que estejamos no centro (isto é, no ponto de maior pressão) de um conjunto de círculos concêntricos, cada um dos quais representa um sistema de controle social. O círculo exterior bem poderá representar o sistema legal e político sob o qual somos obrigados a viver. É o sistema que, contra a vontade da pessoa, lhe cobrará impostos, a convocará para as forças armadas, a fará obedecer às suas inúmeras leis e a seus regulamentos, se necessário a meterá na prisão, e em último recurso a matará. Não é necessário que uma pessoa seja um republicano direitista, nos Estados Unidos, para se perturbar com a contínua expansão do poder desse sistema, que atinge todos os aspectos concebíveis da vida de uma pessoa. Seria um exercício salutar anotar, durante uma única semana, todas as ocasiões, inclusive as fiscais, em que se sofreu as exigências do sistema político-legal. O exercício pode ser concluído com a soma das multas e/ou sentenças de prisão a que poderia levar a desobediência ao sistema. O consolo que poderia advir de tal exercício consistiria em perceber ou lembrar que os serviços policiais e judiciários são normalmente corruptos e de limitada eficiência.

Outro sistema de controle social que exerce pressão contra a figura solitária no centro dos círculos é o da moralidade, costumes e convenções. Só os aspectos mais urgentes (para as autoridades) desse sistema acarretam sanções legais. Isto não significa, entretanto, que se possa, sem risco, ser imoral, excêntrico ou anticonvencional. Nesse ponto, todos os outros instrumentos de controle social entram em ação. A imoralidade é punida com a perda do emprego, a excentricidade pela perda das possibilidades de se conseguir outro, o anticonvencionalismo pela rejeição dos grupos que respeitam aquilo que consideram ser boas maneiras. O desemprego e a solidão talvez sejam castigos menores que ser levado arrastado pelos policiais, mas talvez a pessoa punida não pense assim. O desafio extremo aos costumes de nossa sociedade, que dispõe de um instrumental de controle bastante desenvolvido, pode levar ainda a outra consequência – a definição de uma pessoa como "adoidada".

A burocracia esclarecida (da qual fazem parte, por exemplo, as autoridades eclesiásticas de algumas denominações protestantes) já não atira seus empregados discordantes no olho da rua, mas ao invés disso os submete a tratamento psiquiátrico. Dessa forma, o indivíduo que não satisfaz os critérios de normalidade estabelecidos pela administração, ou por seu bispo, é ameaçado com desemprego e com a perda de ligações sociais, mas além disso também é estigmatizado como uma pessoa que com toda justiça poderá ser afastada inteiramente da categoria dos homens responsáveis, a menos que dê mostras de remorso ("entendimento") e resignação ("reação e tratamento"). Assim, os inúmeros programas de "assistência", "orientação" e "terapia" levados a efeito em muitos setores da vida institucional contemporânea, fortalecem enormemente o mecanismo de controle da sociedade como um todo, e principalmente daqueles seus argumentos onde as sanções do sistema político-legal não podem ser invocadas.

Contudo, além desses amplos sistemas coercitivos exercidos sobre todos os indivíduos, há ainda outros círculos de controle, menos gerais. A ocupação escolhida por um indivíduo (ou, como geralmente acontece, a ocupação a que ele foi levado) inevitavelmente o subordina a vários controles, muitas vezes bastante rígidos. Há os controles formais de juntas de licenciamento, organizações profissionais e sindicatos, além, é claro, dos requisitos formais estabelecidos por seus empregadores. Ao lado desses controles formais, há outros informais, impostos por colegas de profissão e companheiros de trabalho. Este ponto também não exige maiores explicações. O leitor poderá alinhar seus próprios exemplos – o médico que participa de um programa de assistência médica pago por antecipação, o agente funerário que anuncia funerais baratos, o engenheiro industrial que não leva em consideração a obsolescência planejada em seus cálculos, o ministro que afirma não estar interessado no tamanho de sua congregação (ou melhor, o que age assim – quase todos dizem isto), o burocrata do governo que regularmente gasta menos que a verba consignada, o operário da linha de montagem que excede as normas tidas como aceitáveis por seus colegas, etc. As sanções econômicas são, naturalmente, as mais comuns e eficientes nesses casos – o médico se vê impedido de trabalhar em todos os hospitais, o agente funerário pode vir a ser excluído de sua associação profissional por "falta de ética", o engenheiro poderá ser obrigado a entrar para os Voluntários da Paz, como também o ministro e o burocrata (para trabalhar, digamos, na Nova Guiné, onde ainda não existe obsolescência planejada, onde os cristãos são raros e muito dispersos e onde a máquina administrativa ainda é bastante pequena para ser relativamente racional) e o operário da linha de montagem poderá vir a descobrir que todas as peças defeituosas da fábrica sempre acabam em sua banca. Entretanto, as sanções de exclusão social, desprezo e ridículo também podem ser quase intoleráveis. Todo papel ocupacional na sociedade, até mesmo em empregos muito humildes, traz consigo um código de conduta que não pode ser violado impunemente. Normalmente, a obediência a esse código é tão essencial para a carreira de uma pessoa quanto a competência técnica ou a educação.

O controle social do sistema ocupacional é da maior importância porque é o emprego que decide o que uma pessoa pode fazer na maior parte de sua vida – de quais associações ela poderá tornar-se membro, quem serão seus amigos e onde ela poderá morar. Contudo, além das pressões da ocupação de uma pessoa, seus outros envolvimentos sociais também acarretam sistemas de controles, muitos dos quais menos rígidos, outros ainda mais inflexíveis. Os códigos que regem a admissão e permanência em muitos clubes são tão rigorosos quantos os que decidem quem pode tornar-se chefe na IBM (às vezes, felizmente para o atormentado candidato, os requisitos são os mesmos). Em associações menos fechadas, as normas podem ser mais indulgentes e talvez só raramente um membro seja excluído, mas a vida pode se tornar tão desagradável para o persistente não conformista que sua participação se torne humanamente impossível. É claro que os pontos cobertos por esses códigos tácitos variam amplamente. Podem incluir maneiras de vestir, linguagem, gosto estético, convicções políticas e religiosas, ou simplesmente maneiras à mesa. Em todos esses casos, porém, constituem círculos de controle que circunscrevem efetivamente o âmbito das possíveis ações do indivíduo na situação dada.

Por fim, o grupo humano no qual transcorre a chamada vida privada da pessoa, ou seja, o círculo da família e dos amigos pessoais, também constitui um sistema de controle. Seria erro grave supor que este seja necessariamente o mais débil de todos, apenas por não possuir os meios formais de coerção de alguns dos outros sistemas de controle. É nesse círculo que se encontram normalmente os laços sociais mais importantes de um indivíduo. A desaprovação, a perda de prestígio, o ridículo ou o desprezo nesse grupo mais íntimo têm efeito psicológico muito mais sério que em outra parte. O fato de o chefe concluir que uma pessoa é imprestável pode ter consequências econômicas desastrosas, mas o efeito psicológico de tal opinião é incomparavelmente mais devastador para um homem se ele descobrir que sua mulher chegou à mesma conclusão. Além disso, as pressões desse sistema íntimo de controle podem ser exercidas nas ocasiões em que uma pessoa está menos preparada para elas. No trabalho, uma pessoa geralmente está em melhores condições de se resguardar, de se precaver e fingir que está à vontade. O "familismo" americano contemporâneo, um conjunto de valores que dá forte ênfase ao lar como lugar de refúgio das tensões do mundo e da realização pessoal, contribui bastante para esse sistema de controle. Um homem relativamente preparado psicologicamente para oferecer combate em seu escritório estará disposto a fazer qualquer coisa para preservar a precária harmonia de sua vida familiar. Ademais, o controle social daquilo que os sociólogos alemães chamam de a "esfera do íntimo" é particularmente poderoso devido aos próprios fatores da biografia do indivíduo que entraram em sua formação. Um homem escolhe uma mulher e um bom amigo em atos de autodefinição. Aquelas pessoas que ele conhece mais intimamente são aquelas com que ele tem de contar para sustentar os elementos mais importantes de sua autoimagem. Portanto, arriscar a desintegração dos relacionamentos com essas pessoas equivale a arriscar perder-se a si mesmo de maneira inapelável. Não é de admirar, portanto, que muitos déspotas no escritório obedeçam prontamente às suas mulheres e tremam diante de um olhar de reprovação dos amigos.

Se voltarmos à imagem de um indivíduo localizado no centro de um conjunto de círculos concêntricos, cada um dos quais representa um sistema de controle social, podemos compreender um pouco melhor que situar-se na sociedade significa situar-se em relação a muitas forças repressoras e coercitivas. O indivíduo que, pensando consecutivamente em todas as pessoas que talvez tenha de agradar, desde o inspetor do Serviço de Rendas Internas até sua sogra, julgar que toda a sociedade esteja montada em sua cabeça não deve rejeitar essa ideia como uma perturbação neurótica momentânea. É provável que o sociólogo intensifique essa opinião, por mais que outros orientadores digam tratar-se de uma ilusão.

Outra área importante de análise sociológica que talvez contribua para elucidar o pleno significado da localização na sociedade é a da estratificação social. O conceito de estratificação refere-se ao fato de que toda sociedade compõe-se de níveis inter-relacionados em termos de ascendência e subordinação, seja em poder, privilégio ou prestígio. Em outras palavras, estratificação significa que toda sociedade possui um sistema de hierarquia. Alguns estratos, ou camadas sociais, são superiores outros são inferiores. A soma desses estratos constitui o sistema de estratificação de uma determinada sociedade.

A teoria da estratificação é um dos setores mais complexos do pensamento sociológico, e estaria inteiramente fora dos objetivos deste livro apresentar qualquer espécie de introdução ao assunto. Bastará dizer que as sociedades diferem amplamente no tocante aos critérios segundo os quais os indivíduos são levados aos diferentes níveis, e que diversos sistemas de estratificação, utilizando critérios distributivos inteiramente diferentes, podem coexistir na mesma sociedade. É claro que os fatores que determinam a posição de um indivíduo no sistema de estratificação da tradicional sociedade de castas na Índia são muito diferentes dos fatores que determinam sua posição numa moderna sociedade ocidental. E as três principais recompensas da posição social – poder, privilégio e prestígio – com frequência não se sobrepõem, antes existindo lado a lado em sistemas de estratificação distintos. Em nossa sociedade, a riqueza muitas vezes leva a poder político, mas não necessariamente. Além disso, existem indivíduos poderosos e dotados de pouca riqueza. E o prestígio pode estar ligado a atividades sem nenhuma relação com posição econômica ou política. Essas observações indicam que devemos agir com cautela ao investigar a maneira como a localização na sociedade envolve o sistema de estratificação, com sua enorme influência sobre toda a vida de uma pessoa.

O tipo de estratificação mais importante na sociedade ocidental contemporânea é o sistema de classes. O conceito de classe, como a maioria dos conceitos na teoria da estratificação, tem sido definido de várias formas. Para nossos objetivos, será suficiente entender classe como um tipo de estratificação no qual a posição geral de uma pessoa na sociedade é determinada basicamente por critérios econômicos. Em tal sociedade, a classe a que se chega é tipicamente mais importante do que a classe em que se nasceu (embora a maioria das pessoas admita que esta tenha influência profunda sobre aquela). Além disso, uma sociedade de classes é uma sociedade de alta mobilidade social. Isto significa que as posições sociais não são fixas, que muitas pessoas mudam suas posições para melhor ou para pior no decorrer de sua vida, e que, consequentemente, nenhuma posição parece inteiramente segura. Por isso, os símbolos da posição de uma pessoa são de grande importância. Isto é, pelo uso de vários símbolos (como objetos materiais, estilos de comportamento, gosto e linguagem, tipos de associação e até opiniões apropriadas) uma pessoa está sempre a mostrar ao mundo o ponto a que chegou. É a isto que os sociólogos chamam de símbolos de *status*, que têm despertado grande atenção nos estudos de estratificação.

Max Weber definiu classe em termos das expectativas razoáveis que um indivíduo pode ter. Em outras palavras, a classe de uma pessoa determina certas possibilidades, ou oportunidades, quanto ao destino que a pessoa pode esperar ter na sociedade. Todo mundo admite isto em termos estritamente econômicos. Um indivíduo de classe média superior de, digamos, vinte e cinco anos de idade tem muito mais possibilidades de possuir daí a dez anos uma casa elegante, dois carros e uma casa de campo do que outro indivíduo da mesma idade de classe média inferior. Isto não significa que este último não tenha nenhuma possibilidade de obter essas coisas, mas simplesmente que se encontra em desvantagem estatística. Isto não é de modo algum surpreendente, porquanto, de saída, classe foi definida em termos econômicos e uma vez que o processo econômico normal garante que dinheiro atrai dinheiro. Contudo, a classe determina as possibilidades na vida em muitos outros sentidos além do puramente econômico. A posição de classe de uma pessoa determina o nível de educação que seus filhos provavelmente terão. Determina os padrões de assistência médica desfrutados por ela e por sua família, e, por conseguinte, as expectativas de vida no sentido literal da palavra. As classes superiores de nossa sociedade alimentam-se melhor, moram melhor, são mais bem-educadas e vivem mais do que seus concidadãos menos afortunados. Poder-se-á dizer que essas observações são óbvias, mas elas adquirem maior impacto quando se constata que há uma correlação estatística entre a quantidade de dinheiro que uma pessoa ganha por ano e o número de anos que pode esperar poder ganhá-lo. Mas as consequências da localização dentro do sistema de classes vão mais além.

As diferentes classes de nossa sociedade não só vivem de maneira diferente quantitativamente, como também vivem em estilos diferentes qualitativamente. Um sociólogo competente, diante de dois índices básicos de classe, como renda e ocupação, é capaz de fazer uma longa lista de prognósticos sobre o indivíduo em questão, mesmo que nenhuma outra informação lhe seja dada. Como todas as outras previsões sociológicas, esses prognósticos terão caráter estatístico. Ou seja, serão afirmações de probabilidade e terão uma margem de erro. No entanto, poderão ser bastante precisas. Conhecendo essas duas informações a respeito de determinado indivíduo, o sociólogo será capaz de oferecer palpites inteligentes a respeito do bairro da cidade onde esse indivíduo mora, bem como sobre o tamanho e o estilo de sua casa. Poderá também fazer uma descrição geral da decoração interior e conjecturar sobre os tipos de quadros na parede e sobre os livros e revistas nas estantes. Poderá ainda calcular o tipo de música que o indivíduo gosta de ouvir, e até mesmo se ele costuma ouvi-la em concertos, na vitrola ou no rádio.

Mas o sociólogo poderá ir adiante. Pode predizer os clubes e associações de que o indivíduo em questão é sócio e qual a igreja que ele frequenta. Pode estimar seu vocabulário, sua maneira de falar, etc. Pode avaliar a filiação política do indivíduo e sua opinião sobre várias questões públicas. Pode prever seu número de filhos e ainda se ele tem relações sexuais com a mulher com as luzes acesas ou apagadas. Poderá fazer algumas afirmativas sobre a probabilidade do cidadão ser acometido por várias doenças, físicas e mentais. Como já vimos, ele será capaz de situar o homem num quadro atuarial de expectativas de vida. Finalmente, se o sociólogo decidisse verificar todos esses palpites e solicitasse uma entrevista ao indivíduo em questão, ele será capaz de estimar as possibilidades de que a entrevista seja negada.

Muitos dos elementos a que acabamos de nos referir são criados por controles externos, em qualquer classe dada. Assim, o gerente de uma empresa que tiver o endereço "errado" e a mulher "errada" será submetido a considerável pressão para mudar ambos. O indivíduo de classe trabalhadora que desejar frequentar uma igreja de classe média superior será levado a entender, em termos inequívocos, que "se sentiria mais satisfeito em outro lugar". Ou a criança de classe média inferior com inclinações para a música de câmera se defrontará com fortes pressões para corrigir essa aberração e adquirir interesses musicais mais consonantes com os de sua família e de seus amigos. Contudo, em muitos desses casos a aplicação de controles externos será de todo desnecessária, uma vez que a probabilidade de ocorrência de desvios é realmente mínima. A maioria dos indivíduos aos quais está aberta uma carreira de executivo casa-se com o tipo "certo" de mulher, quase que por instinto, e as crianças de classe média inferior têm seus gostos musicais formados bem cedo, e de maneira tal a se tornarem relativamente imunes às seduções da música de câmera. Cada ambiente de classe forma a personalidade de seus membros através de inumeráveis influências que começam ao nascimento e que se estendem até à formatura do curso secundário ou ao reformatório, conforme o caso. Só quando essas influências formativas de alguma forma não conseguem alcançar o objetivo é que se faz necessária a ação dos mecanismos de controle social. Portanto, ao tentar compreender a importância de classe, estamos não só examinando outro aspecto de controle social, como estamos também começando a vislumbrar a maneira como a sociedade penetra nos recônditos de nossa consciência, uma coisa sobre a qual nos alongaremos no próximo capítulo.

Ressalte-se neste ponto que essas observações sobre classe não pretendem de modo algum constituir uma acusação colérica contra nossa sociedade. Existem decerto alguns aspectos de diferenças de classe que poderiam ser modificados por certas espécies de engenharia social, como a discriminação de classe na educação e as desigualdades de classe na assistência médica. Entretanto, nenhum volume de engenharia social modificará o fato básico de que os diferentes ambientes sociais exercem diferentes pressões sobre seus membros, ou que algumas dessas pressões contribuem mais do que outras para o sucesso, segundo a maneira como o sucesso for definido numa dada sociedade. Há bons motivos para se crer que algumas das características fundamentais de um sistema de classes, às quais acabamos de nos referir, são encontradas em todas as sociedades industriais ou em industrialização, inclusive nas governadas por regimes socialistas, que negam em sua ideologia oficial a existência de classes. Entretanto, se a localização num determinado estrato social tem essas amplas consequências numa sociedade relativamente "aberta" como a nossa, é fácil imaginar quais serão as consequências em sistemas mais "fechados". Neste ponto nos reportamos mais uma vez à instrutiva análise feita por Daniel Lerner sobre as sociedades tradicionais do Oriente Médio, nas quais a localização social fixava a identidade e as expectativas de uma pessoa (até mesmo na imaginação) num grau que a maioria dos ocidentais acha difícil até de compreender. Entretanto, antes da Revolução Industrial as sociedades europeias não eram radicalmente diferentes, na maioria de suas camadas, do modelo tradicional de Lerner. Em tais sociedades, pode-se saber o que é um homem apenas conhecendo-se sua posição social, da mesma forma que se pode olhar para a testa de um hindu e ver nela a marca de sua casta.

Contudo, até em nossa própria sociedade existem outros sistemas de estratificação, por assim dizer sobrepostos ao sistema de classe, muito mais rígidos que este, e que, por conseguinte, determinam de maneira muito mais severa toda a vida do indivíduo. Um exemplo notável disto na sociedade americana é o sistema racial, que a maioria dos sociólogos considera uma variedade de casta. Em tal sistema, a posição social básica de um indivíduo (isto é, a fixação de sua casta) é determinada ao nascimento. Pelo menos em teoria ele não tem absolutamente nenhuma possibilidade de modificar essa posição no decorrer de sua vida. Por mais rico que um homem se torne, sempre será negro. Ou por mais baixo que um homem caia, em termos dos costumes da sociedade, sempre será branco. Um indivíduo nasce em sua casta, tem de viver toda a vida dentro dela e dentro dos limites de conduta prescritos. É claro que deve casar-se e procriar dentro dessa casta. Na realidade, pelo menos em nosso sistema racial, existem algumas possibilidades de trapaça – isto é, negros de pele clara "passarem" por brancos. Entretanto, essas possibilidades em pouco alteram a eficácia total do sistema.

Os fatos deprimentes do sistema racial americano são por demais conhecidos para exigirem maior elaboração aqui. É claro que a localização social de um indivíduo como negro (mais no Sul do que no Norte, naturalmente, mas com menos diferenças entre as duas regiões do que brancos farisaicos do Norte habitualmente proclamam) implica numa drástica redução de possibilidades existenciais determinadas pela classe. Na verdade, as possibilidades de mobilidade social de um indivíduo são nitidamente determinadas pela localização racial, uma vez que algumas das desvantagens mais prementes desta última são de caráter econômico. Assim, a conduta, as ideias e a identidade psicológica de um homem são moldadas pela raça de maneira muito mais decisiva do que pela classe.

A força repressora dessa localização pode ser vista em sua forma mais pura (se é que tal adjetivo pode ser aplicado, mesmo num sentido quase químico, a fenômeno tão revoltante) na etiqueta racial da sociedade tradicional do Sul dos Estados Unidos, na qual todo e qualquer caso de interação entre membros das duas castas era regulado num ritual estilizado projetado com todo cuidado para honrar uma das partes e humilhar a outra. Um negro se arriscava a punição física, e um branco a extremo opróbrio, pela mais leve violação do ritual. A raça era muito mais importante do que o lugar onde uma pessoa podia morar e a quem podia ligar-se. Determinava a inflexão vocal, os gestos, as piadas de uma pessoa, e até se infiltrava em seus sonhos de salvação. Em tal sistema, os critérios de estratificação tornavam-se obsessões metafísicas – como no caso da senhora sulista que expressava a convicção de que sua cozinheira iria sem a menor dúvida para o céu das pessoas de cor.

Um conceito muito usado em sociologia é o de definição da situação. Assim chamado pelo sociólogo americano W.I. Thomas, significa que uma situação social *é* o que seus participantes creem que ela seja. Em outras palavras, para as finalidades do sociólogo, a realidade é uma questão de definição. É por isso que o sociólogo deve analisar atentamente muitas facetas da conduta humana que em si mesmas são absurdas ou ilusivas. No exemplo do sistema racial acima mencionado, um biólogo ou antropólogo poderá olhar as convicções raciais dos brancos sulistas e declarar que tais convicções são inteiramente falsas. Poderá então negá-las como apenas mais uma mitologia produzida pela ignorância e má vontade humanas, arrumar suas coisas e ir embora. A tarefa do sociólogo, porém, só então começa. De nada lhe adianta rejeitar a ideologia racial sulista como uma imbecilidade científica. Muitas situações sociais são na verdade controladas pelas definições de imbecis. Na verdade, a imbecilidade que define a situação faz parte do material de análise sociológica. Assim, a compreensão operacional que o sociólogo tem de "realidade" é um tanto peculiar, questão à qual retornaremos. No momento, o importante é observar que os controles inexoráveis pelos quais a localização social determina nossa vida não são eliminados com o desmascaramento das ideias que sustentam esses controles.

E a história não acaba aí. Nossas vidas são dominadas não só pelas inanidades de nossos contemporâneos, como também pelas de homens que já morreram há várias gerações. Além disso, cada inanidade ganha credibilidade e reverência com cada década passada desde sua promulgação. Como Alfred Schuetz observou, isto significa que cada situação social em que nos encontramos não só é definida por nossos contemporâneos, como ainda predefinida por nossos predecessores. Como não se pode redarguir a nossos ancestrais, comumente é mais difícil nos livrarmos de suas fatídicas heranças do que das tolices criadas em nossa própria geração. Este fato é expresso no aforisma segundo o qual os mortos são mais poderosos que os vivos.

É importante acentuar este ponto porque ele nos demonstra que até mesmo nas áreas em que a sociedade aparentemente nos permite alguma opção a mão poderosa do passado estreita ainda mais essa opção. Como exemplo, voltemos a um incidente já evocado, a cena de um casal de namorados ao luar. Imaginemos ainda que essa ocasião seja a decisiva, na qual uma proposta de casamento é feita e aceita. Ora, sabemos que a sociedade contemporânea impõe consideráveis limitações a essa escolha, facilitando-a bastante no caso dos casais que se ajustam nas mesmas categorias socioeconômicas e criando graves obstáculos nos casos em que não existe essa concordância. No entanto, também é claro que até mesmo nos pontos em que "eles" (que ainda estão vivos) não fizeram nenhuma tentativa consciente para limitar a escolha dos participantes nesse drama específico, "eles" (que já morreram) escreveram o *script* de quase toda a cena. A ideia de que atração sexual pode ser traduzida em emoção romântica foi maquinada por menestréis de vozes aveludadas que excitavam a imaginação de damas aristocráticas mais ou menos por volta do século XII. A ideia de que um homem deveria fixar seu impulso sexual de modo permanente e exclusivo numa única mulher, com quem ele deve dividir o leito, o banheiro e o tédio de milhares de cafés da manhã remelosos foi produzida por teólogos misantrópicos um pouco antes. E a premissa de que a iniciativa desse acordo maravilhoso deva partir do macho, com a fêmea sucumbindo graciosamente à arremetida impetuosa de suas carícias, remonta às eras pré-históricas em que pela primeira vez guerreiros selvagens investiram contra alguma pacífica aldeia matriarcal, arrastando suas filhas.

Da mesma forma como todos esses vetustos personagens prepararam a estrutura básica dentro da qual se desenrolarão as paixões de nosso casal, também cada um dos estágios de suas relações recíprocas foi predefinido, pré-fabricado – ou, se o leitor assim preferir, "fixado". Não se trata apenas do fato de se esperar que os dois se apaixonem e contratem um casamento monógamo no qual a moça renunciará ao sobrenome de solteira e o rapaz à solvência financeira, que esse amor deva ser fabricado a todo custo para que o casamento não pareça insincero a todos os envolvidos, ou que a Igreja e o Estado vigiem a *ménage* com toda atenção, uma vez estabelecida – embora tudo isto constitua normas fundamentais estipuladas séculos antes de os protagonistas nascerem. Além disso, cada um dos estágios do namoro e do noivado é também estabelecido por ritual social, e embora sempre haja margem para improvisações, uma variação excessiva nos padrões certamente porá em perigo toda a operação. Assim, nosso casal começa com idas ao cinema e passa a encontros na igreja e a reuniões de família; começa de passeios de mãos dadas e passa a explorações hesitantes e àquilo que inicialmente desejava guardar para depois; começa com planos para uma saída à noite e passa a planos para a nova residência – sendo que a cena ao luar ocupa seu lugar adequado na sequência cerimonial. Nenhum dos dois inventou o jogo ou qualquer uma de suas partes. Apenas decidiram jogá-lo um com o outro, e não com terceiros. Tampouco têm muita margem de escolha quanto ao que acontecerá depois da troca ritual de proposta e resposta. Familiares, amigos, clérigos, vendedores de joias, corretores de seguros, floristas e decoradores garantem que o restante do jogo continue a ser praticado dentro das regras estabelecidas. Tampouco esses guardiães da tradição têm de exercer muita pressão sobre os protagonistas, uma vez que as expectativas de seu mundo social há muitos anos foram integradas em suas projeções do futuro – eles desejam exatamente aquilo que a sociedade espera deles.

Se as coisas se passam assim nas esferas mais íntimas de nossa existência, é fácil constatar que não mudam muito em quase todas as situações sociais encontradas no decorrer de uma vida. Quase sempre, o jogo já foi "arrumado" muito antes de entrarmos em cena. Tudo quanto nos resta, geralmente, é jogá-lo com mais ou com menos entusiasmo. O professor que entra na sala para dar aula, o juiz que pronuncia a sentença, o pregador que enfastia sua congregação, o general que dá ordem de ataque à sua tropa – todas essas pessoas estão empenhadas em ações já predefinidas dentro de limites muito estreitos e protegidos por imponentes sistemas de controles e sanções.

Tendo em mente essas considerações, podemos agora chegar a uma compreensão mais exata do funcionamento das estruturas sociais. Um útil conceito sociológico em que basear essa compreensão é o de "instituição". Geralmente se define instituição como um complexo específico de ações sociais. Podemos dizer assim que lei, classe, casamento ou religião organizada sejam instituições. Essa definição ainda não nos informa a maneira como a instituição se relaciona com as ações dos indivíduos envolvidos. Arnold Gehlen, sociólogo alemão contemporâneo, ofereceu uma resposta sugestiva a essa questão. Gehlen concebe a instituição como um órgão regulador, que canaliza as ações humanas quase da mesma forma como os instintos canalizam o comportamento animal. Em outras palavras, as instituições proporcionam métodos pelos quais a conduta humana é padronizada, obrigada a seguir por caminhos considerados desejáveis pela sociedade. E o truque é executado ao se fazer com que esses caminhos pareçam ao indivíduo como os únicos possíveis.

Citemos um exemplo. Como não é preciso ensinar os gatos a caçar ratos, existe aparentemente alguma coisa no equipamento congênito de um gato (um instinto, se o leitor gostar do termo) que o faz agir assim. Presumivelmente, quando um gato avista um rato, há alguma coisa que lhe diz: "Coma! Coma! Coma!" Não se pode dizer que o gato resolve atender este apelo interior. Ele simplesmente segue a lei de seu ser mais íntimo e arremete contra o pobre camundongo (o qual, suponho, escuta uma voz interior que lhe diz: "Corra! Corra! Corra!"). O gato não tem outra alternativa. Mas agora voltemos ao casal cujo namoro analisamos anteriormente. Quando nosso rapaz viu pela primeira vez a moça com quem representaria a cena ao luar (ou, se não foi na primeira vez, algum tempo depois), também ouviu uma voz interior que lhe dava uma ordem bem clara. E seu comportamento subsequente demonstra que ele também não pôde resistir à voz de comando. Não, essa ordem imperativa *não* é essa em que o leitor provavelmente está pensando – *esse* imperativo nosso rapaz compartilha congenitamente com os gatos, chimpanzés e crocodilos e não nos interessa no momento. O imperativo que nos interessa é aquele que lhe diz: "Case-se! Case-se! Case-se!" Ao contrário do gato, nosso rapaz não nasceu com esse imperativo. Ele lhe foi instilado pela sociedade, reforçado pelas incontáveis pressões de histórias de família, educação moral, religião, dos meios de comunicação e da publicidade. Em outras palavras, o casamento não é um instinto, e sim uma instituição. No entanto, a maneira como conduz o comportamento para canais predeterminados é muito semelhante à atuação dos instintos em seus setores.

A veracidade disto se torna óbvia quando tentamos imaginar o que nosso jovem faria na ausência do imperativo institucional. Poderia, naturalmente, fazer um número quase infinito de coisas. Poderia manter relações sexuais com a moça, deixá-la e nunca mais voltar a vê-la. Ou poderia esperar que seu primeiro filho nascesse e depois pedir ao tio materno da moça que o criasse. Ou poderia reunir três amigos e propor tomar a moça em comum como esposa. Ou poderia incorporá-la a seu harém, juntamente com as outras vinte e três mulheres que já vivem lá. Em outras palavras, dados seu impulso sexual e seu interesse naquela moça específica, o rapaz estaria num impasse bastante sério. Mesmo supondo que ele tivesse estudado antropologia e soubesse que todas as opções acima mencionadas constituem as atitudes normais em certas culturas humanas, ainda assim ele estaria em apuros para decidir qual seria o caminho mais conveniente nesse caso. Já percebemos então o que o imperativo institucional faz para ele – protege-o desse impasse. Exclui todas as outras opções em favor daquela que a sociedade predefiniu para ele. Até mesmo afasta essas outras opções de sua consciência. Apresenta-lhe uma fórmula – desejar é amar, é casar. Tudo quanto lhe resta fazer agora é retrilhar o caminho preparado para ele nesse programa. Isto poderá apresentar um número bastante grande de dificuldades, mas são dificuldades de natureza muito diversa das enfrentadas por algum protomacho que encontrasse uma protofêmea numa clareira da floresta primal e tivesse de elaborar um *mudus vivendi* viável com ela. Em outras palavras, a instituição do casamento serve para canalizar a conduta de nosso rapaz, fazê-lo seguir determinado tipo de comportamento. A estrutura institucional da sociedade proporciona a tipologia para nossas ações. Só muito, muito raramente é que temos necessidade de imaginar novos tipos segundo os quais nos conduzir. No mais das vezes, podemos no máximo escolher entre o tipo A e o tipo B, tendo ambos sido predefinidos *a priori*. Poderíamos decidir entre ser artista ou homem de negócios. Em ambos os casos, porém, encontraríamos predefinições bastante precisas do que devemos fazer. E nenhum dos dois estilos de vida terá sido inventado por nós.

Outro aspecto do conceito de Gehlen da instituição a salientar, porque ele será importante mais adiante, é o da aparente inevitabilidade de seus imperativos. O rapaz médio de nossa sociedade não só rejeita as opções de poliandria ou poliginia, como, pelo menos para si, julga-as literalmente inimagináveis. Acredita que o rumo de ação predefinido institucionalmente seja o único que ele poderia jamais tomar, o único de que é ontologicamente capaz. É de se presumir que, caso refletisse sobre a perseguição que move ao camundongo, o gato chegasse à mesma conclusão. A diferença está em que o gato chegaria à conclusão correta, ao passo que o rapaz está enganado. Tanto quanto saibamos, um gato que se recusasse a perseguir camundongos constituiria uma monstruosidade biológica, talvez o resultado de uma mutação maligna, certamente um traidor da própria essência da felinidade. Entretanto, sabemos perfeitamente que ter muitas mulheres ou ser um entre muitos maridos não representa uma traição da condição humana, em qualquer sentido biológico, ou mesmo da virilidade. E como tais opções são possíveis aos árabes e tibetanos, respectivamente, devem também ser biologicamente possíveis a nosso rapaz. Na verdade, sabemos que se ele tivesse sido tirado do berço e levado para essas plagas exóticas, não teria crescido como o típico rapaz americano de sangue quente e algo mais que ligeiramente sentimental de nossa cena de luar, e se teria transformado num lúbrico polígamo na Arábia ou num tranquilo marido entre maridos no Tibet. Ou seja, ele está enganando a si mesmo (ou, mais exatamente, está sendo enganado pela sociedade) quando encara seu rumo de ação nessa questão como inevitável. Isto significa que toda estrutura institucional tem de depender da fraude e que toda existência em sociedade traz consigo um elemento de má-fé. Este vislumbre da realidade pode parecer profundamente deprimente a princípio, mas, como veremos, ele na verdade nos oferece a primeira nesga de uma visão da sociedade um pouco menos determinista do que aquela que até agora obtivemos.

No momento, contudo, nossas considerações sobre a perspectiva sociológica nos conduziram a um ponto em que a sociedade mais parece uma gigantesca prisão que qualquer outra coisa. Passamos do contentamento infantil de se possuir um endereço à percepção adulta de que a maior parte da correspondência é desagradável. E a compreensão sociológica só nos ajudou a identificar mais de perto todos os personagens, vivos ou mortos, que gozam do privilégio de nos oprimir.

O pensamento sociológico que mais se aproxima dessa concepção da sociedade é o associado a Émile Durkheim e à sua escola. Durkheim ressaltava que a sociedade é um fenômeno *sui generis*, isto é, ela representa uma realidade compacta que não pode ser reduzida a outros termos ou para eles traduzida. Durkheim afirmou ainda que os fatos sociais são "coisas", possuidoras de uma existência objetiva externa a nós, tanto quanto os fenômenos da natureza. Durkheim agiu assim sobretudo para proteger a sociologia de ser tragada pelos psicólogos de espírito imperialista, mas sua concepção é importante, ainda que excluamos essa preocupação metodológica. Uma "coisa" é algo como uma pedra, por exemplo, com que se topa, algo que não deixa de existir mediante um simples desejo. Uma "coisa" é aquilo contra a qual se investe em vão, aquilo que existe apesar dos desejos e das esperanças de uma pessoa, aquilo que por fim pode cair sobre a cabeça de uma pessoa e matá-la. É nesse sentido que a sociedade constitui uma coleção de "coisas". É possível que a instituição social que melhor ilustre essa qualidade da sociedade seja a lei.

Ao seguirmos a concepção durkheimiana, portanto, a sociedade se manifesta como um fato objetivo. Ela *existe*, é algo que não pode ser negado e que se tem de levar em conta. A sociedade é externa a nós. Ela nos cerca, circunda nossa vida por todos os lados. Estamos *na* sociedade, localizados em setores específicos do sistema social. Essa localização predetermina e predefine quase tudo quanto fazemos, desde a linguagem até a etiqueta, desde nossas convicções religiosas até a probabilidade de que venhamos a cometer suicídio. Nossos desejos não são levados em consideração nessa questão de localização social, e nossa resistência intelectual àquilo que a sociedade aprova ou proíbe adianta muito pouco, na melhor das hipóteses. A sociedade, como fato objetivo e externo, manifesta-se sobretudo na forma de coerção. Suas instituições moldam nossas ações e até mesmo nossas expectativas. Recompensam-nos na medida em que nos ativermos a nossos papéis. Se saímos fora desses papéis, a sociedade dispõe de um número quase infinito de meios de controle e coerção. As sanções da sociedade são capazes, a todo momento da existência, de nos isolar entre os outros homens, expor-nos ao ridículo, privar-nos de nosso sustento e de nossa liberdade e, em último recurso, privar-nos da própria vida. A lei e a moralidade da sociedade podem apresentar complexas justificativas para cada uma dessas sanções, e a maioria de nossos concidadãos aprovará que sejam usadas contra nós como castigo por nosso desvio. Finalmente, estamos localizados na sociedade não só no espaço, como também no tempo. Nossa sociedade constitui uma entidade histórica que se estende temporariamente além de qualquer biografia individual. A sociedade nos precedeu e sobreviverá a nós. Nossas vidas não são mais que episódios em sua marcha majestosa pelo tempo. Em suma, a sociedade constitui as paredes de nosso encarceramento na história.

5.
A perspectiva sociológica –
A sociedade no homem

No capítulo anterior talvez tenhamos dado ao leitor excelentes motivos para crer que a sociologia deva assumir o título de "ciência sinistra", atribuído à economia. Depois de descrevermos a sociedade como uma prisão lúgubre, devemos agora mostrar ao leitor pelo menos alguns túneis pelos quais possa escapar desse sombrio determinismo. Antes disso, contudo, temos de acrescentar mais algum negrume ao quadro.

Até aqui, abordando a sociedade sobretudo segundo o aspecto de seus sistemas de controles, temos encarado o indivíduo e a sociedade como duas entidades antagônicas. A sociedade foi vista como uma realidade externa que pressiona e coage o indivíduo. Se essa imagem não for modificada, obteremos uma impressão bastante errônea da relação, ou seja, uma impressão de massas humanas constantemente forçando seus grilhões, cedendo às autoridades coatoras de dentes rilhados, sendo levadas sempre à obediência pelo medo do que poderá ocorrer se agirem de outra forma. Tanto o conhecimento ordinário da sociedade como a análise sociológica propriamente dita nos mostram que não é este o caso. Para a maioria de nós, o jugo da sociedade parece suave. Por quê? Certamente não porque o poder da sociedade seja menor do que indicamos no último capítulo. Nesse caso, por que esse poder não nos causa maior sofrimento? Já se fez referência à resposta sociológica à pergunta – porque quase sempre desejamos exatamente aquilo que a sociedade espera de nós. *Queremos* obedecer às regras. *Queremos* os papéis que a sociedade nos atribuiu. E isto, por sua vez, é possível não porque o poder da sociedade seja menor, e sim porque é muito maior do que até agora afirmamos. A sociedade determina não só o que fazemos, como também o que somos. Em outras palavras, a localização social não afeta apenas nossa conduta; ela afeta também nosso ser. Para esclarecer esse elemento essencial da perspectiva sociológica, examinaremos mais três áreas de investigação e interpretação: as da teoria do papel, a sociologia do conhecimento e a teoria do grupo de referência.

A teoria do papel foi uma criação intelectual quase inteiramente americana. Alguns de seus germes remontam a William James, mas seus pais diretos são outros dois pensadores americanos, Charles Cooley e George Herbert Mead. Não podemos pretender fazer aqui uma introdução histórica a esse fascinante setor da história intelectual. Ao invés de tentar sequer esboçar essa história, procederemos mais sistematicamente, começando a examinar a teoria do papel com outra olhada ao conceito de Thomas, a definição da situação.

O leitor se recordará que Thomas via a situação social como uma realidade estabelecida por acordo *ad hoc* entre aqueles que dela participam, ou, mais exatamente, entre aqueles que a definem. Do ponto de vista do participante individual, isto significa que cada situação lhe apresenta expectativas específicas e exige dele respostas específicas a essas expectativas. Como já vimos, em quase todas as situações sociais existem pressões poderosas para garantir que as respostas sejam as adequadas. A sociedade existe porque as definições da maioria das pessoas para as situações mais importantes são mais ou menos as mesmas. Os motivos do editor e do autor dessas linhas podem ser um tanto diferentes, mas as maneiras como ambos definem a situação em que este livro está sendo produzido são suficientemente similares para que a produção seja possível. Da mesma forma, numa sala de aula podem estar presentes interesses os mais díspares, alguns dos quais terão pouca relação com a atividade educacional que supostamente ali se desenrola; entretanto, na maioria dos casos estes interesses (digamos que um estudante deseja estudar a matéria lecionada, ao passo que outro simplesmente se matricula em todos os cursos frequentados por uma certa loura) podem coexistir numa situação sem a destruir. Em outras palavras, há uma certa margem no grau em que a resposta tem de satisfazer a expectativa para que uma situação permaneça sociologicamente viável. É claro que será inevitável alguma forma de conflito ou desorganização social se as definições das situações forem excessivamente discrepantes – digamos, se alguns estudantes interpretarem o encontro na sala de aula como uma festa ou se um autor não tiver intenção de produzir um livro, apenas utilizando seu contrato com um editor para pressionar outro.

Embora um indivíduo médio encontre expectativas muito diferentes em diversas áreas de sua vida, as situações que produzem essas expectativas enquadram-se em certos grupos. Um estudante pode fazer dois cursos diferentes, com dois professores, em dois departamentos universitários, com consideráveis variações nas expectativas encontradas nas duas situações (digamos, formalidade ou informalidade nas relações entre professor e alunos). Não obstante, as situações serão suficientemente semelhantes entre si e a outras situações escolares anteriores para possibilitar ao estudante dar em ambas situações essencialmente a mesma resposta geral. Para usarmos outras palavras, em ambos os casos, com apenas algumas modificações, ele será capaz de *desempenhar o papel* de estudante. Um papel, portanto, pode ser definido como uma resposta tipificada a uma expectativa tipificada. A sociedade predefiniu a tipologia fundamental. Usando a linguagem do teatro, do qual se derivou o conceito de papel, podemos dizer que a sociedade proporciona o *script* para todos os personagens. Por conseguinte, tudo quanto os atores têm a fazer é assumir os papéis que lhes foram distribuídos antes de levantar o pano. Desde que desempenhem seus papéis como estabelecido no *script*, o drama social pode ir adiante como planejado.

O papel oferece o padrão segundo o qual o indivíduo deve agir na situação. Tanto na sociedade quanto no teatro, variará a exatidão com que os papéis fornecem instruções ao ator. Tomando como exemplo os papéis ocupacionais, o papel do lixeiro envolve um padrão mínimo, ao passo que os médicos, clérigos e oficiais do Exército têm de adquirir toda espécie de maneirismos característicos, hábitos de linguagem e gestos, tais como otimismo diante do doente, palavreado santarrão ou garbo militar. Contudo, seria erro grave considerar o papel apenas como um padrão regulador para ações externamente visíveis. Uma pessoa sente-se mais apaixonada ao beijar, mais humilde ao se ajoelhar e mais indignada ao sacudir o punho. Isto é, o beijo não só expressa paixão, como também a fabrica. Os papéis trazem em seu bojo tanto as ações como as emoções e atitudes a elas relacionadas. O professor que representa uma cena de sabedoria vem a se sentir sábio. O pregador passa a crer no que prega. O soldado descobre pruridos marciais em seu peito ao vestir a farda. Em cada um desses casos, embora a emoção ou atitude já existissem antes de se assumir o papel, este, inevitavelmente, reforça aquilo que já existia. Em muitos casos há bons motivos para se acreditar que absolutamente nada antecedia, na consciência do ator, o desempenho do papel. Em outras palavras, uma pessoa se torna sábia ao ser nomeado professor, crente ao se entregar a atividades que pressupõem crença e pronto para batalha ao marchar em ordem unida.

Vejamos um exemplo. Um homem recentemente promovido a oficial, principalmente se subiu na hierarquia a partir da graduação mais baixa, a princípio se sentirá pelo menos levemente embaraçado com as continências que agora recebe dos praças que encontra. É provável que lhes responda de maneira amistosa, quase como se pedisse desculpas. Os novos distintivos em sua farda ainda são coisas que ele simplesmente colocou ali, quase como um disfarce. Na verdade, o novo oficial poderá até dizer a si mesmo e a outras pessoas que no fundo ele ainda é a mesma pessoa, que simplesmente adquiriu novas responsabilidades (entre as quais, *en passant*, o dever de aceitar as continências dos subalternos). Não é provável que essa atitude dure muito. A fim de desempenhar seu novo papel de oficial, nosso homem tem de manter uma certa atitude – a qual tem implicações bastante definidas. Apesar da conversa mole a esse respeito, habitual nos chamados exércitos democráticos, como o americano, uma das implicações fundamentais é a de que um oficial é um superior, com direito a obediência e respeito, com base nessa superioridade. Toda continência prestada por um inferior hierárquico é um ato de obediência, recebido como coisa natural pelo homem que a retribui. Assim, a cada continência prestada e aceita (juntamente, é claro, com uma centena de outros atos cerimoniais que realçam sua nova posição), fortifica-se a convicção de nosso oficial – e suas, por assim dizer, premissas ontológicas. Ele não só age como oficial, como sente-se oficial. Terminaram o embaraço, a atitude de desculpas, o meio-sorriso tranquilizador. Se em alguma ocasião um praça lhe prestar continência sem a dose adequada de entusiasmo ou mesmo cometer o ato impensável de não lhe prestar continência, o oficial não determinará apenas uma punição por violação do regulamento militar. Será levado com todas as fibras de seu ser a exigir reparação de uma ofensa contra a ordem normal de seu universo.

É importante acentuar nesse exemplo que só muito raramente esse processo é deliberado ou baseado em reflexão. O oficial não se sentou e imaginou todas as coisas que deveriam acompanhar seu novo papel, inclusive as coisas que deveria sentir. A força do processo está justamente em seu caráter inconsciente, reflexo. Ele se transformou em oficial quase tão naturalmente como um menino se torna um rapagão de olhos azuis, cabelos castanhos e 1,80m de altura. Também não seria correto supor que esse homem deva ser um tanto estúpido ou uma exceção entre seus camaradas. Pelo contrário, o excepcional é o homem que reflete sobre seus papéis (um tipo, aliás, que provavelmente seria mau oficial). Até mesmo pessoas muito inteligentes, quando em dúvida quanto a seus papéis na sociedade, se envolverão ainda mais na atividade que gera a dúvida, ao invés de se porem a refletir. O teólogo que duvida de sua fé rezará mais e frequentará a Igreja com mais assiduidade, o homem de negócios tomado de escrúpulos devido à pressão que exerce sobre os empregados começa a ir ao escritório também aos domingos, e o terrorista que sofre de pesadelos apresenta-se como voluntário para execuções noturnas. E é claro que essas atitudes são perfeitamente corretas. Todo papel tem sua disciplina interior, aquilo que os monásticos católicos chamariam de sua "formação". O papel dá forma e constrói tanto a ação quanto o ator. É dificílimo fingir neste mundo. Normalmente, uma pessoa incorpora o papel que desempenha.

Todo papel na sociedade acarreta uma certa identidade. Como vimos, algumas dessas identidades são triviais e transitórias, como em algumas ocupações que exigem pouca modificação no ser de seus praticantes. Não é difícil passar de lixeiro a vigia noturno. É bem mais difícil passar de clérigo a oficial. É muitíssimo difícil passar de negro para branco. E é quase impossível passar de homem para mulher. Essas diferenças na facilidade ou dificuldade com que se muda de papel não deve obscurecer o fato de que até mesmo as identidades que julgamos constituir a essência de nossas personalidades foram atribuídas socialmente. Da mesma forma como se adquire papéis raciais e com eles se identifica, há também papéis sexuais. Dizer "Sou homem" constitui uma proclamação de papel, tanto quanto dizer "Sou coronel do Exército dos Estados Unidos". Estamos bem cientes do fato de que uma pessoa nasce com o sexo masculino, ao passo que nem mesmo o militar mais rigoroso e desprovido de humor imagina que haja nascido com uma águia dourada pousada em seu umbigo. Entretanto, o fato de se nascer macho, do ponto de vista biológico, tem muito pouco que ver com o papel específico, definido socialmente (e, naturalmente, socialmente relativo), que motiva a declaração "Sou homem". Uma criança do sexo masculino não tem de aprender a experimentar uma ereção. Mas tem de aprender a ser agressivo, a ter ambições, a competir com outras pessoas, a desconfiar de uma atitude demasiado gentil de sua parte. O papel masculino em nossa sociedade, entretanto, exige todas essas coisas que se tem de aprender, como exige também uma identidade masculina. Ser capaz de ereção não basta – se bastasse, regimentos inteiros de psicoterapeutas estariam sem trabalho.

O significado da teoria do papel poderia ser sintetizado dizendo-se que, numa perspectiva sociológica, a identidade é atribuída socialmente, sustentada socialmente e transformada socialmente. O exemplo do homem em processo de se tornar oficial talvez baste para ilustrar a maneira como as identidades são atribuídas na vida adulta. Contudo, mesmo papéis que são muito mais fundamentais, para aquilo que os psicólogos chamariam de personalidade, do que aqueles ligados a uma determinada atividade adulta são atribuídos, de maneira muito semelhante, por um processo social. Isto já foi demonstrado abundantemente em estudos de "socialização" – o processo pelo qual uma criança aprende a ser um membro participante da sociedade.

É provável que o trabalho teórico mais penetrante sobre este processo seja o de Mead, no qual a gênese do eu é identificada com a descoberta da sociedade. A criança descobre quem ela é ao aprender o que é a sociedade. Aprende a desempenhar os papéis que lhe são adequados, ao aprender, como diz Mead, "a assumir o papel do outro" – o que, aliás, é a função sociopsicológica crucial da brincadeira, na qual as crianças representam vários papéis sociais e ao assim fazer descobrem o significado dos papéis que lhes são atribuídos. Todo esse aprendizado ocorre, e só pode ocorrer, em interação com outros seres humanos, quer se tratem dos pais ou de qualquer outra pessoa que eduque a criança. A criança primeiro assume papéis ligados àquelas pessoas que Mead chama de seus "outros significativos", isto é, aquelas que lidam com ela mais de perto e cujas atitudes são decisivas para a concepção que a criança faz de si mesma. Mais tarde, a criança aprende que os papéis que representa são relevantes não só para seu círculo íntimo, como também se relacionam com as expectativas da sociedade em geral. Esse nível mais alto de abstração na resposta social é denominado por Mead de descoberta do "outro generalizado". Ou seja, não é só a mãe que espera que a criança seja boazinha, limpa e que diga a verdade; a sociedade espera a mesma coisa. Só quando surge essa concepção geral da sociedade é que a criança se torna capaz de formar uma concepção clara de si própria. Na experiência infantil, "eu" e "sociedade" são o verso e o reverso da mesma medalha.

Em outras palavras, identidade não é uma coisa preexistente; é atribuída em atos de reconhecimento social. Somos aquilo que os outros creem que sejamos. A mesma ideia é expressa na conhecida descrição de Cooley do eu como o reflexo de um espelho. Isto não significa, é claro, que não existam certas características com as quais um indivíduo nasce, que fazem parte de sua herança genética, a qual se manifesta em qualquer meio social. Nosso conhecimento da biologia humana ainda não nos possibilita uma imagem muito clara da extensão em que isto será verdade. Sabemos, contudo, que a margem para a formação social dentro desses limites genéticos é bastante grande. Mesmo sem dispormos de respostas cabais para as questões biológicas, podemos dizer que ser humano é ser considerado humano, da mesma forma que ser um certo tipo de homem significa ser considerado como tal. A criança privada de afeto e atenção humanas torna-se desumanizada. A criança a quem é concedido respeito vem a respeitar-se. Um menino tido como bobo torna-se bobo, da mesma forma que um adulto tratado com o temor devido a um deus da guerra começa a se considerar como tal e a agir como compete a tal figura – e, na verdade, funde sua identidade com a que corresponde a essas expectativas.

As identidades são atribuídas pela sociedade. É preciso ainda que a sociedade as sustente, e com bastante regularidade. Uma pessoa não pode ser humana sozinha e, aparentemente, não pode apegar-se a qualquer identidade sem o amparo da sociedade. A autoimagem do oficial como oficial só pode ser mantida num contexto social no qual outras pessoas estejam dispostas a reconhecê-lo nessa identidade. Se esse reconhecimento for subitamente retirado, geralmente não tardará muito para que a autoimagem seja abalada.

Os casos de retirada radical de reconhecimento por parte da sociedade nos ensinam muita coisa a respeito do caráter social da identidade. Por exemplo, um homem que da noite para o dia passa de cidadão livre a condenado vê-se submetido imediatamente a um ataque maciço contra a concepção que faz de si mesmo. Pode tentar desesperadamente apegar-se a essa concepção, mas na falta de outras pessoas que confirmem sua velha identidade ser-lhe-á quase impossível mantê-la. Com assustadora rapidez, ele descobrirá que está agindo como se espera que um condenado aja e sentindo todas as coisas que se espera que um condenado sinta. Seria errôneo encarar o processo como uma simples desintegração de personalidade. Mais correto seria considerar o fenômeno como uma reintegração de personalidade, em nada diferente, em sua dinâmica sociopsicológica, do processo pelo qual a antiga identidade foi integrada. O fato é que nosso homem era tratado por pessoas importantes que o rodeavam como um homem responsável, digno, obsequioso e de gosto apurado. Consequentemente, ele podia ser tudo isso. Agora, as paredes da prisão o separam das pessoas cujo reconhecimento possibilitava a demonstração dessas qualidades. Cercam-no agora pessoas que o tratam como um irresponsável, vigarista, egocêntrico e desleixado, que exige supervisão constante. As novas expectativas tipificam-se no papel de condenado, que constitui resposta a elas, da mesma forma quanto as velhas expectativas integravam-se num diferente padrão de conduta. Em ambos os casos, a identidade vem com a conduta, e esta ocorre em resposta a uma situação social específica.

Os casos extremos em que um indivíduo é despojado de maneira radical de sua antiga identidade simplesmente ilustram com mais vigor processos que ocorrem na vida cotidiana. Nossas vidas se desenrolam dentro de uma complexa trama de reconhecimentos e não reconhecimentos. Trabalhamos melhor quando estimulados por nossos superiores. É difícil não sermos desajeitados numa reunião onde sabemos que as pessoas nos consideram ineptos. Tornamo-nos espirituosos quando as pessoas esperam que sejamos engraçados, e tipos interessantes quando sabemos que temos tal reputação. Inteligência, humor, habilidade manual, devoção religiosa e até potência sexual respondem com igual vivacidade às expectativas alheias. Isto torna compreensível o processo, já mencionado, segundo o qual os indivíduos preferem ligar-se a pessoas que sustentem suas autointerpretações. Em termos sucintos, todo ato de ligação social resulta numa escolha de identidade. Inversamente, toda identidade exige ligações sociais específicas para sua sobrevivência. Os pássaros da mesma plumagem vivem juntos não por luxo, mas por necessidade. O intelectual torna-se "bitolado" depois de ser sequestrado pelo exército. O seminarista perde cada vez mais o senso de humor ao se aproximar a época da ordenação. O operário que ultrapassa todas as quotas de trabalho verifica que passa a ultrapassá-las ainda mais depois de receber uma medalha da administração. O jovem ansioso com relação à sua virilidade torna-se um leão na cama depois de encontrar uma moça que o considera um avatar de Don Juan.

Para relacionarmos essas observações com o que ficou dito no capítulo anterior, o indivíduo se localiza na sociedade dentro de sistemas de controle social, e cada um desses sistemas contém um dispositivo de geração de identidade. Na medida em que for capaz, o indivíduo tentará manipular suas ligações (e sobretudo as íntimas) de maneira a fortalecer as identidades que lhe proporcionaram satisfação do passado – casando-se com uma moça que o julgue inteligente, escolhendo amigos que o considerem simpático, escolhendo uma ocupação que o mostre como uma pessoa de futuro. Em muitos casos, naturalmente, essa manipulação não é possível. Nesse caso, tem-se de fazer o melhor possível com as identidades de que se dispõe.

Essa perspectiva sociológica do caráter da identidade nos proporciona uma compreensão mais profunda do significado humano do preconceito. Surge, então, uma percepção deprimente: o pré-julgamento afeta não só o destino externo da vítima nas mãos de seus opressores, mas também sua própria consciência, na medida em que ela é moldada pelas expectativas da sociedade. A coisa mais terrível que o preconceito pode fazer a um ser humano é fazer com que ele tenda a se tornar aquilo que a imagem preconceituosa diz que ele é. O judeu num meio antissemita tem de lutar com afinco para não se tornar cada vez mais parecido ao estereotipo antissemita, da mesma forma que o negro numa situação racista. Sintomaticamente, essa luta só terá possibilidade de êxito se o indivíduo for protegido de sucumbir (ao programa traçado pelo preconceito para sua personalidade) por aquilo a que chamaríamos de contrarreconhecimento, por parte de membros de sua comunidade imediata. O mundo gentio poderia ver um homem como apenas mais um judeu desprezível sem importância, e tratá-lo como tal, mas esse não reconhecimento de seu valor pode ser neutralizado pelo contrarreconhecimento dentro da própria comunidade judaica como, digamos, o maior especialista no Talmude na Letônia.

Em vista da dinâmica sociopsicológica desse mortífero jogo de reconhecimentos, não surpreende que o problema da "identidade judaica" só tenha surgido entre os modernos judeus ocidentais depois que a assimilação na sociedade judaica começou a debilitar o poder da própria comunidade judaica para atribuir identidades alternativas a seus membros, em oposição às identidades a eles atribuídas pelo antissemitismo. Quando um indivíduo é obrigado a se ver refletido num espelho construído de modo a refletir uma imagem deformada, ele tem de procurar freneticamente outros homens com outros espelhos, pois de outra forma chegará a esquecer que um dia já teve outro rosto. Para usarmos palavras um pouco diferentes, a dignidade humana é uma questão de permissão social.

O mesmo relacionamento entre sociedade e identidade pode ser visto nos casos em que, por um motivo ou outro, a identidade de um indivíduo é mudada drasticamente. A transformação da identidade, tanto quanto sua gênese e sua manutenção, constitui um processo social. Já mostramos como qualquer reinterpretação do passado, qualquer "alternação" de uma autoimagem para outra, exige a presença de um grupo que conspire para provocar a metamorfose. Aquilo que os antropólogos chamam de rito de passagem envolve o repúdio de uma antiga identidade (digamos, ser criança) e a iniciação numa nova identidade (como a de adulto). As sociedades modernas possuem ritos de passagem mais brandos, como a instituição do noivado, pela qual o indivíduo é gentilmente levado, por uma conspiração de todos os envolvidos, a transpor a linha divisória entre a liberdade do celibato e o cativeiro do casamento. Não fosse essa instituição, um número muito maior de pessoas seria tomado de pânico ao último momento, diante a enormidade do passo que estão prestes a dar.

Já vimos também como a "alternação" transforma identidades em situações altamente estruturadas como a educação religiosa e a psicanálise. Tomando novamente esta última como exemplo oportuno, ele envolve uma tensa situação social em que o indivíduo é levado a repudiar sua antiga concepção de si mesmo e a assumir uma nova identidade, a que foi programada para ele na ideologia psicanalítica. Aquilo que os psicanalistas chamam de "transferência", a intensa relação social entre analista e analisando, consiste essencialmente na criação de um meio social artificial dentro do qual possa ocorrer a alquimia da transformação, ou seja, dentro do qual essa alquimia possa tornar-se plausível ao indivíduo. Quanto mais durar a relação e quanto mais intensa se tornar, mais o indivíduo se liga à sua nova identidade. Finalmente, ao ser "curado", essa nova identidade já se tornou realmente aquilo que ele é. Portanto, não há por que negar, com uma gargalhada marxista, a afirmação do psicanalista de que seu tratamento será mais eficiente se o paciente o visitar com frequência, durante muito tempo, e lhe pagar honorários consideráveis. Conquanto seja óbvio que isto coincide com o interesse econômico do analista, é bem plausível sociologicamente que a atitude esteja factualmente correta. O que a psicanálise faz é na verdade a construção de uma nova identidade. A ligação do indivíduo a essa nova identidade aumentará evidentemente na proporção direta do tempo, da intensidade e do investimento financeiro que ele aplicou em sua construção. É claro que sua capacidade de rejeitar toda a história como uma impostura se tornará mínima depois de ele haver investido vários anos de sua vida e uma quantia astronômica de dinheiro.

O mesmo tipo de meio "alquímico" é criado em situações de "terapia de grupo". A recente popularidade deste método na psiquiatria americana não pode também ser interpretada simplesmente em bases econômicas. Ela tem sua base sociológica no princípio perfeitamente correto de que as pressões de grupo atuam efetivamente para fazer o indivíduo aceitar a nova imagem que lhe é proporcionada. Erving Goffman, sociólogo contemporâneo, fez uma descrição vívida da maneira como essas pressões atuam no contexto de um hospital de doenças mentais, com os pacientes finalmente "cedendo" à interpretação psiquiátrica de sua existência que constitui o quadro de referência comum do grupo "terapêutico".

O mesmo processo tem lugar sempre que todo um grupo de indivíduos tem de ser "quebrado" e levado a aceitar uma nova definição de si mesmos. Acontece no treinamento básico dos recrutas de um exército, e com muito mais intensidade no treinamento de pessoal para carreira permanente nas forças armadas, como nas academias militares. Acontece nos programas de doutrinação e "formação" de funcionários para organizações totalitárias como as SS nazistas ou a elite do Partido Comunista. Recentemente, adquiriu precisão científica nas técnicas de "lavagem cerebral" empregadas em prisioneiros das polícias secretas totalitárias. A violência desses métodos, em relação às iniciações mais rotineiras da sociedade, deve ser explicada sociologicamente em termos do grau radical de transformação de identidade que é procurado e da necessidade funcional, nesses casos, de que a aquisição da nova identidade esteja à prova de novas "alternações".

Quando levada às suas conclusões lógicas, a teoria do papel faz muito mais que simplesmente nos proporcionar uma taquigrafia conveniente para a descrição de várias atividades sociais. Ela nos oferece uma antropologia sociológica, isto é, uma visão do homem baseada em sua existência na sociedade. Essa visão nos mostra que o homem representa papéis dramáticos no grande drama da sociedade e que, falando-se sociologicamente, ele é as máscaras que tem de usar para representar. Além disso, a pessoa aparece agora num contexto dramático, fiel à sua etimologia (*persona*, o termo técnico com que se designa as máscaras dos atores no teatro clássico). A pessoa é percebida como um repertório de papéis, cada um dos quais adequadamente equipado com uma determinada identidade. O âmbito da pessoa individual pode ser medido pelo número de papéis que é capaz de desempenhar. A biografia da pessoa se nos afigura agora como uma sequência ininterrupta de desempenhos num palco, para diferentes plateias, às vezes exigindo mudanças totais de roupagens, sempre exigindo que o ator *seja* o personagem.

Tal visão sociológica desafia muito mais radicalmente que a maioria das teorias psicológicas a maneira como habitualmente nos vemos. Desafia radicalmente um dos mais caros pressupostos acerca do "eu" – sua continuidade. Visto sociologicamente, o "eu" deixa de ser uma entidade objetiva, sólida, que se transfere de uma situação para outra. Será um processo, criado e recriado continuamente em cada situação social de que uma pessoa participa, mantido coeso pelo tênue fio da memória. Em nossa análise da reinterpretação do passado vimos quão tênue é esse fio. Tampouco é possível, dentro dessa estrutura interpretativa, buscar no inconsciente o conteúdo "real" da personalidade, uma vez que, como já vimos, o presuntivo ego inconsciente está tão sujeito à produção social quanto o chamado ego consciente. Em outras palavras, o homem não é *também* um ser social; é social em todos os aspectos de seu ser aberto à investigação empírica. Portanto, ainda falando-se sociologicamente, se alguém perguntar quem é "realmente" um indivíduo nesse caleidoscópio de papéis e identidades, só se pode responder através da enumeração das situações em que ele é uma coisa e das situações em que é outra.

Ora, é claro que tais transformações não podem ocorrer *ad infinitum* e que algumas são mais fáceis que outras. Um indivíduo se habitua a tal ponto com certas identidades que, mesmo quando sua situação social muda, ele encontra dificuldade para acompanhar as novas expectativas. Isto é demonstrado com toda clareza pelas dificuldades enfrentadas por indivíduos saudáveis e ativos quando obrigados a se aposentar. A capacidade de transformação da personalidade depende não só de seu contexto social, como também do grau de seu hábito a identidades anteriores e talvez também de certos traços genéticos. Conquanto essas modificações em nosso modelo se façam necessárias a fim de evitar uma radicalização de nossa posição, elas não reduzem apreciavelmente a descontinuidade da personalidade, revelada pela análise sociológica.

Se este modelo antropológico não muito edificante lembra outro seria o empregado na psicologia do budismo primitivo na Índia, na qual a personalidade era comparada a uma longa fileira de velas, cada uma das quais acende o pavio da seguinte e se extingue. Os psicólogos budistas usavam essa imagem para desacreditar a ideia hindu da transmigração da alma, pretendendo dizer com o símile que não existe nenhuma entidade que passe de uma vela para outra. Entretanto, a mesma imagem se ajusta muito bem a nosso modelo antropológico.

Tudo isto poderia deixar a impressão de que na verdade não existe diferença essencial entre a pessoa comum e aquelas acometidas pelo distúrbio que a psiquiatria chama de "personalidade múlti-

120

pla". Desde que se acentuasse o adjetivo "essencial", talvez o sociólogo concordasse com isto. A diferença prática, contudo, é que para as pessoas "normais" (isto é, aquelas assim consideradas pela sociedade) há fortes pressões no sentido de mostrarem coerência nos vários papéis que desempenham e nas identidades que os acompanham. Tais pressões são externas e internas. Externamente, os outros atores com quem se praticam os jogos sociais, e de cujo reconhecimento dependem os papéis da própria pessoa, exigem que esta apresente ao mundo uma imagem razoavelmente coerente. Um certo grau de discrepância de papéis poderá ser permitido, mas se certos limites de tolerância forem ultrapassados a sociedade retirará seu reconhecimento ao indivíduo em questão, definindo-o como uma aberração moral ou psicológica. Assim, a sociedade permitirá que um indivíduo seja um déspota no escritório e um servo no lar, mas não lhe permitirá personificar um oficial de polícia e usar as roupas designadas para o sexo oposto. A fim de permanecer dentro dos limites fixados para suas pantomimas, o indivíduo talvez tenha de recorrer a manobras complicadas para garantir uma segregação de papéis. O papel imperial no escritório será ameaçado pelo aparecimento da esposa numa reunião da diretoria, ou o papel de uma pessoa num círculo onde é tida como exímia narradora é ameaçado pela intrusão de um membro do outro círculo onde o exímio narrador é tipificado como um sujeito que nunca abre a boca sem meter os pés pelas mãos. Essa segregação de papéis torna-se cada vez mais possível em nossa civilização urbana contemporânea, com sua anonimidade e seus rápidos meios de transporte, embora persista o perigo de que pessoas com imagens contraditórias de si mesmas subitamente tropecem uma na outra e façam periclitar suas mútuas representações. Esposa e secretária poderiam encontrar-se para tomar um café e em sua conversa pulverizar as imagens do imperador no escritório e do servo no lar. Nesse ponto, sem dúvida, será necessário um psicoterapeuta para juntar os cacos do indivíduo.

Há também pressões internas no sentido de coerência, talvez baseadas em profundíssimas necessidades psicológicas do indivíduo de se ver como uma totalidade. Até mesmo o ator urbano contemporâneo, que representa papéis mutuamente irreconciliáveis em diferentes áreas de sua vida poderá talvez sentir tensões internas, embora possa controlar as externas mediante a cuidadosa separação de suas diversas *mises en scène*. Para evitar tais ansiedades, as pessoas geralmente segregam sua consciência, bem como sua conduta. Não queremos dizer com isto que elas "reprimam" suas identidades discrepantes para algum "inconsciente", pois dentro de nosso modelo temos todos os motivos para suspeitar de tais conceitos. Queremos dizer que elas focalizam sua atenção apenas naquela identidade particular de que, por assim dizer, necessitam no momento. As outras identidades são esquecidas enquanto durar essa cena específica. Este processo poderá talvez ser ilustrado pela maneira como atos sexuais desaprovados pela sociedade ou atos moralmente questionáveis de qualquer espécie são segregados na consciência. O homem que pratica, por exemplo, masoquismo homossexual possui uma identidade cuidadosamente construída e guardada apenas para essas ocasiões. Quando a ocasião termina, ele devolve a identidade na portaria, por assim dizer, e volta para casa como pai afetuoso, marido responsável e talvez até amante impetuoso de sua mulher. Da mesma forma, o juiz que sentencia um réu à pena de morte segrega a identidade com a qual assim age do resto de sua consciência, na qual é um ser humano bondoso, tolerante e sensível. O comandante do campo de concentração nazista que escreve cartas sentimentais aos filhos não passa de um exemplo extremo de algo que ocorre continuamente na sociedade.

O leitor erraria redondamente se julgasse que lhe estamos apresentando uma imagem da sociedade na qual todos tramam, conspiram e deliberadamente vestem disfarces para enganar-se mutuamente. Pelo contrário, a representação de papéis e os processos formadores de identidade são geralmente irrefletidos e não planeja-

122

dos, quase automáticos. As necessidades psicológicas de coerência da autoimagem a que nos referimos garantem isto. A fraude deliberada exige um grau de autocontrole psicológico de que poucas pessoas são capazes. É por isso que a insinceridade é fenômeno relativamente raro. A maioria das pessoas é sincera, porque este é o caminho mais fácil, psicologicamente. Isto é, elas acreditam no que representam, esquecem convenientemente a representação anterior e seguem pela vida contentes, convictas de estarem à altura de todas as expectativas. A sinceridade é a consciência do homem que se empolga com sua própria representação. Ou, como se expressou David Riesman, o homem sincero é aquele que acredita em, sua própria propaganda. Em vista da dinâmica sociopsicológica que acabamos de analisar, é muito provável que os assassinos nazistas sejam sinceros ao se descrever como burocratas encarregados de certas tarefas desagradáveis, que realmente abominavam, sendo talvez incorreto supor que eles só digam isso para ganhar a simpatia de seus juízes. Seu remorso humanitário será provavelmente tão sincero quanto sua passada crueldade. Como observou o romancista austríaco Robert Musil, no coração de todo assassino há um ponto em que ele é eternamente inocente. As estações da vida se sucedem, e uma pessoa tem de mudar de rosto como muda de roupa. No momento não estamos interessados nos problemas psicológicos ou no significado ético dessa "falta de caráter". Só queremos frisar que este é o procedimento habitual.

Para relacionarmos o que acabamos de dizer sobre a teoria dos papéis com o que ficou dito no capítulo precedente a respeito dos sistemas de controle, reportamo-nos àquilo que Hans Gerth e C. Wright Mills chamaram de "seleção de pessoas". Toda estrutura social seleciona as pessoas de que necessita para seu funcionamento e elimina aquelas que de uma maneira ou de outra não servem. Se não houver pessoas a serem selecionadas, elas terão de ser inventadas – ou melhor, serão produzidas de acordo com as especificações necessárias. Dessa forma, através de seus mecanismos de socialização e "formação", a sociedade manufatura o pessoal de que necessita para funcionar. O sociólogo vira de cabeça para baixo a ideia comum de que certas instituições surgem porque existem pessoas em disponibilidade. Pelo contrário, guerreiros ferozes surgem porque há exércitos a serem enviados a batalhas, homens piedosos porque há igrejas a construir, eruditos porque há universidades onde lecionar e assassinos porque há crimes a cometer. Não é correto dizer que cada sociedade tem os homens que merece. Antes, cada sociedade produz os homens de que necessita. Podemos tirar algum consolo do fato de que este processo de produção às vezes enfrenta dificuldades técnicas. Veremos mais tarde que, além disso, ele pode ser sabotado. No momento, contudo, podemos constatar que a teoria dos papéis e suas percepções concomitantes acrescentam uma importante dimensão à nossa perspectiva sociológica da existência humana.

Se a teoria dos papéis nos proporciona ideias vívidas sobre a presença da sociedade no homem, ideias semelhantes podem ser obtidas de uma outra direção muito diferente – a chamada sociologia do conhecimento. Ao contrário da teoria dos papéis, a sociologia do conhecimento tem origem europeia. O termo foi usado pela primeira vez na década de 20 pelo filósofo alemão Max Scheler. Outro pensador europeu, Karl Mannheim, que passou os últimos anos de sua vida na Inglaterra, foi um dos que despertaram a atenção do pensamento anglo-saxônico para a nova disciplina. Não cabe no escopo deste livro esmiuçar as interessantes origens intelectuais da sociologia do conhecimento, que remontam a Marx, Nietzsche e ao historicismo alemão. A sociologia do conhecimento entra em nosso raciocínio para demonstrar que, tanto quanto os homens, as ideias têm localização social. Na verdade, isto pode servir como definição da disciplina para nossos propósitos: a sociologia do conhecimento trata da localização social das ideias.

Com mais clareza que qualquer outro ramo da sociologia, a sociologia do conhecimento elucida o que se quer dizer ao afirmar que o sociólogo é o homem que pergunta a todo instante: "Quem disse?" Ela rejeita a ideia de que o pensamento ocorra isolado do contexto social dentro do qual determinados homens pensam sobre determinadas coisas. Mesmo no caso de ideias muito abstratas que aparentemente têm pouquíssima conexão social, a sociologia do conhecimento tenta traçar a linha que une o pensamento, seu autor e o mundo social deste. Isto pode ser visto com toda facilidade nos casos em que o pensamento serve para legitimizar uma determinada situação social, ou seja, quando ele a explica, justifica e santifica.

Suponhamos um exemplo simples. Digamos que numa sociedade primitiva algum alimento necessário só possa ser obtido viajando-se por mares traiçoeiros, infestados de tubarões. Duas vezes por ano, os homens da tribo partem para buscá-lo em suas precárias canoas. Suponhamos que as convicções religiosas dessa sociedade incluam um artigo de fé segundo o qual todo homem que deixar de participar dessa expedição perderá sua virilidade, exceto os sacerdotes, cuja virilidade é mantida por seus sacrifícios diários aos deuses. Essa convicção cria uma motivação para aqueles que se arriscam na viagem perigosa e proporciona simultaneamente uma legitimação para os sacerdotes, que ficam sempre no bem-bom. É desnecessário acrescentar que é bem provável que foram os sacerdotes quem inventaram a teoria. Em outras palavras, suspeitaremos que estamos diante de uma ideologia sacerdotal. Entretanto, isto não significa que ela não seja funcional para a sociedade como um todo – afinal de contas, alguém tem de ir, pois de outra forma sobrevirá a fome.

Falamos que existe uma ideologia quando uma certa ideia atende a um interesse da sociedade. Com muita frequência, embora nem sempre, as ideologias distorcem sistematicamente a realidade social com o intuito de sobressair onde isto lhes interessa. Ao examinar os sistemas de controle estabelecidos por grupos ocupacionais já vimos a maneira como as ideologias podem legitimar as atividades de tais grupos. O pensamento ideológico, todavia, é capaz de abranger coletividades humanas muito maiores. Por exemplo, a mitologia racial do Sul dos Estados Unidos serve para legitimar um sistema social praticado por milhões de seres humanos. A ideologia da "livre empresa" serve para camuflar as atividades monopolísticas de grandes companhias americanas, cuja única característica que têm em comum com o capitalista ao velho estilo é a disposição constante de fraudar o público. A ideologia marxista, por sua vez, serve para legitimar a tirania praticada pela máquina do Partido Comunista, cujos interesses estão para o de Karl Marx assim como os de Elmer Gentry estavam para os do Apóstolo Paulo. Em cada um desses casos, a ideologia tanto justifica o que é feito pelo grupo cujo interesse é atendido, como interpreta a realidade social de maneira a tornar a justificação plausível. Essa interpretação muitas vezes parece extravagante a quem está de fora e "não entende o problema" (isto é, que não tem interesses a defender). O racista americano é capaz de afirmar ao mesmo tempo que as mulheres brancas têm profunda repugnância ao mero pensamento de relações sexuais com um negro, e que a mais leve sociabilidade inter-racial levará diretamente a tais relações sexuais. E o gerente de uma indústria insistirá em que suas atividades tendentes a manipular preços são realizadas em defesa do mercado livre. E o funcionário do Partido Comunista arranjará uma explicação para provar que a limitação de escolha eleitoral a candidatos aprovados pelo partido constitui expressão de verdadeira democracia.

Convém ressaltar mais uma vez que geralmente as pessoas que manifestam essas opiniões estão sendo absolutamente sinceras. O esforço moral necessário para mentir deliberadamente está além da maioria das pessoas. É muito mais fácil iludir a si próprio. Por conseguinte, é importante distinguir o conceito de ideologia dos conceitos de mentira, fraude, propaganda ou prestidigitação. O mentiroso, por definição, sabe que está mentindo. O ideólogo, não. Não nos interessa neste ponto perguntar qual dos dois é eticamente superior. Desejamos apenas acentuar ainda uma vez a maneira irrefletida e não planejada como a sociedade normalmente funciona. A maioria das teorias de conspiração exageram grosseiramente a previdência intelectual dos conspiradores.

As ideologias também podem funcionar "latentemente", para usarmos a expressão de Merton em outro contexto. Voltemos mais uma vez ao Sul dos Estados Unidos como exemplo. Uma das coisas que ele tem de interessante é a coincidência geográfica entre o Cinturão Negro e o Cinturão da Bíblia. Isto é, aproximadamente a mesma área que pratica o sistema racial sulista em sua plena pureza apresenta também a maior concentração de protestantismo ultraconservador, fundamentalista. Pode-se explicar essa coincidência historicamente, mostrando-se o isolamento do protestantismo sulista em relação às correntes mais amplas do pensamento religioso desde os grandes cismas denominacionais, devido à questão escravagista, antes da Guerra da Secessão. Essa coincidência poderia ser também interpretada como expressão de dois aspectos diferentes de barbárie intelectual. Não refutaríamos nenhuma dessas explicações, mas argumentaríamos que uma interpretação sociológica em termos de funcionalidade ideológica daria uma visão melhor do fenômeno.

O fundamentalismo protestante, conquanto obcecado pela ideia de pecado, tem um conceito curiosamente limitado de sua extensão. Os pregadores revivalistas que vociferam contra a perversidade do mundo atêm-se invariavelmente numa gama um tanto limitada de transgressões morais – fornicação, embriaguez, dança, jogo, pragas. Na verdade, dão tanta ênfase à primeira dessas transgressões que na linguagem comum do moralismo protestante o termo "pecado" é quase sinônimo do termo mais específico "ofensa sexual". Diga-se o que se disser a respeito desse rol de atos perniciosos, todos eles têm em comum seu caráter essencialmente *privado*. Na verdade, se um pregador revivalista chega a mencionar questões públicas, será geralmente em termos da corrupção privada dos detentores de cargos públicos. As autoridades do governo roubam, o que é mau. Também fornicam, bebem e jogam, o que presumivelmente ainda é pior. Ora, a limitação do conceito de ética cristã a delitos pessoais tem funções óbvias numa sociedade cujas organizações sociais fundamentais são dúbias, para se dizer o mínimo, quando confrontadas com certos princípios do Novo Testamento e com o credo igualitário da nação que nele acredita ter suas raízes. O conceito privado de moralidade do fundamentalismo protestante concentra atenção nas áreas de conduta que são irrelevantes para a manutenção do sistema social, e desvia a atenção daquelas áreas onde uma inspeção ética criaria tensões para o perfeito funcionamento do sistema. Em outras palavras, o fundamentalismo protestante é ideologicamente funcional para a manutenção do sistema social do sul dos Estados Unidos. Não é necessário irmos até o ponto em que ele legitima diretamente o sistema, como nos casos em que a segregação racial é proclamada como uma ordem natural ditada por Deus. No entanto, mesmo na ausência de tal legitimação "manifesta", as convicções religiosas em questão funcionam "latentemente" para manter o sistema.

Embora a análise das ideologias ilustre claramente o que se entende por localização social das ideias, seu âmbito ainda é muito estreito para demonstrar o pleno significado da sociologia do conhecimento. Esta disciplina não trata exclusivamente das ideias que servem a determinados interesses ou que deturpam a realidade social. Ao invés disso, a sociologia do conhecimento reivindica jurisdição sobre todo o reino do pensamento, não, é claro, considerando-se como árbitro de validade (o que seria megalomaníaco), mas sim na medida em que qualquer pensamento está fundado na sociedade. Não queremos dizer com isto (como diria um intérprete marxista) que todo pensamento humano deva ser considerado como "reflexo" direto de estruturas sociais, nem tampouco que as ideias devam ser vistas como inteiramente impotentes para traçar o rumo dos acontecimentos. O que queremos dizer é que todas as ideias são examinadas cuidadosamente para se determinar sua localização na existência social das pessoas que as cogitaram. Nessa medida, pelo menos, é correto afirmar que a sociologia do conhecimento seja de tendência anti-idealista.

Toda sociedade pode ser vista em termos de sua estrutura social e de seus mecanismos sociopsicológicos, e também em termos da cosmovisão que atua como o universo comum habitado por seus membros. As cosmovisões variam socialmente, de uma sociedade para outra e dentro de diferentes setores da mesma sociedade. É nesse sentido que se diz que um chinês "vive num mundo diferente" do mundo de um ocidental. Para ficarmos com este exemplo por um instante, Marcel Granet, sinólogo francês fortemente influenciado pela sociologia durkheimiana, analisou o pensamento chinês exatamente sob essa perspectiva de investigar seu "mundo diferente". A diferença, naturalmente, é patente em questões como filosofia política, religião ou ética. Entretanto, segundo Granet, diferenças fundamentais podiam também ser encontradas em categorias como tempo, espaço e número. Afirmativas muito semelhantes têm sido feitas em análises de outras espécies, como as que comparam os "mundos" da antiga Grécia e do antigo Israel, ou o "mundo" do hinduísmo tradicional com o do moderno Ocidente.

A sociologia da religião constitui uma das áreas mais fecundas para esse tipo de investigação, em parte talvez porque nela o paradoxo da localização social aparece de forma particularmente incisiva. Parece de todo impróprio que ideias concernentes aos deuses, ao cosmos e à eternidade estejam localizadas nos sistemas sociais dos homens, presos a todas as relatividades humanas de geografia e história. Isto tem constituído uma das pedras de tropeço emocionais da erudição bíblica, sobretudo quando esta tenta descobrir o que chama de *Sitz im Leben* (literalmente, "sítio na vida" – quase a mesma coisa a que demos o nome de localização social) de fenômenos religiosos particulares. Uma coisa é discutir as afirmações eternas da fé cristã, e outra muito diferente é investigar como essas afirmações podem estar relacionadas às frustrações, ambições e ressentimentos, muito temporais, de determinadas camadas sociais nas cidades poliglotas do Império Romano aonde os primeiros missionários cristãos levaram sua mensagem. Mais que isso, porém, o próprio fenômeno da religião em si pode ser localizado socialmente em termos de funções específicas, tais como legitimação da autoridade política e abrandamento de rebelião social (aquilo que Weber chamou de "teodiceia do sofrimento" – ou seja, a maneira como a religião empresta sentido ao sofrimento, de modo a convertê-lo, de fonte de revolução a veículo de redenção). A universalidade da religião, longe de constituir prova de sua validade metafísica, é explicável em termos de tais funções sociais. Ademais, as mudanças dos padrões religiosos no decurso da história também podem ser interpretados em termos sociológicos.

Tomemos como exemplo a distribuição de filiações religiosas no mundo ocidental contemporâneo. Em muitos países ocidentais, a frequência à igreja pode ser correlacionada quase rigorosamente com classes sociais, de modo que, por exemplo, a atividade religiosa constitui uma das marcas de *status* de classe média, ao passo que a abstenção de tal atividade caracteriza a classe proletária. Em outras palavras, parece haver uma relação entre a fé de uma pessoa, digamos, na Trindade (ou pelo menos demonstrações exteriores dessa fé) e sua renda anual – abaixo de certo nível de renda parece que tal fé perde toda plausibilidade, ao passo que acima desse nível ela se torna coisa natural. A sociologia do conhecimento indagará como surgiu essa espécie de relação entre estatística e salvação. As respostas, inevitavelmente, serão sociológicas – em termos da funcionalidade da religião nesse ou naquele meio social. O sociólogo não poderá, naturalmente, fazer quaisquer declarações sobre questões teológicas em si, mas será capaz de demonstrar que essas questões raramente têm sido transacionadas num vácuo social.

Para voltarmos a um exemplo anterior, o sociólogo não será capaz de dizer às pessoas se lhes convém ligar-se ao fundamentalismo protestante ou a uma versão menos conservadora dessa fé, mas poderá mostrar-lhes como a escolha funcionará socialmente.

Tampouco estará em condições de decidir para as pessoas se devem fazer batizar seus filhos ou se devem protelar esse ato, mas poderá informá-las qual a expectativa quanto a isso nesse ou naquele estrato social. Tampouco ele poderá sequer estimar a plausibilidade de uma vida além-túmulo, mas poderá informar em que carreiras profissionais será conveniente a uma pessoa pelo menos simular tal convicção.

Além dessas questões da distribuição social de religiosidade, alguns sociólogos contemporâneos (como, por exemplo, Helmut Schelsky e Thomas Luckmann) têm indagado se os tipos de personalidade produzidos pela moderna civilização industrial permitem a continuação dos padrões religiosos tradicionais e se, por vários motivos sociológicos e sociopsicológicos, o mundo ocidental talvez já não esteja num estágio pós-cristão. A análise dessas questões, entretanto, nos afastaria de nossa linha de raciocínio. Os exemplos religiosos deverão ter sido suficientes para indicar a maneira como a sociologia do conhecimento localiza as ideias na sociedade.

O indivíduo, por conseguinte, adquire socialmente sua cosmovisão quase da mesma forma como adquire seus papéis e sua identidade. Em outras palavras, tanto quanto suas ações, suas emoções e sua autointerpretação são predefinidas para ele pela sociedade, da mesma forma que sua atitude cognitiva em relação ao universo que o rodeia. Alfred Schuetz expressou este fato em sua frase "mundo aceito sem discussão" – o sistema de pressupostos (aparentemente óbvios e que se autorratificam) com relação ao mundo que cada sociedade engendra no curso de sua história. Essa cosmovisão determinada socialmente já está, pelo menos em parte, incorporada na linguagem usada pela sociedade. É possível que certos linguistas tenham exagerado a importância desse único fator na criação de qualquer cosmovisão específica, mas restam poucas dúvidas de que a linguagem de uma pessoa pelo menos ajuda a dar forma à sua atitude para com a realidade. Além disso, obviamente, a linguagem não é escolhida por nós, sendo-nos imposta pelo grupo social incumbido de nossa socialização inicial. A sociedade predefine para nós esse mecanismo simbólico fundamental com o qual apreendemos o mundo, ordenamos nossa experiência e interpretamos nossa própria existência.

Da mesma forma, a sociedade fornece nossos valores, nossa lógica e o acervo de informação (ou desinformação) que constitui nosso "conhecimento". Raríssimas pessoas, e mesmo essas apenas em relação a fragmentos dessa cosmovisão, estão em condições de reavaliar aquilo que lhes foi assim imposto. Na verdade, não sentem nenhuma necessidade de reavaliação porque a cosmovisão em que foram socializados lhes parece óbvia. Uma vez que ela também será considerada assim por quase todos os membros de sua própria sociedade, essa cosmovisão ratifica-se, valida-se. Sua "prova" está na experiência reiterada de outros homens que também a tomam como coisa natural, assentada. Enunciemos essa perspectiva da sociologia do conhecimento numa proposição sucinta: a realidade é construída socialmente. Com essa formulação, a sociologia do conhecimento ajuda a sintetizar a afirmativa de Thomas sobre o poder da definição social e lança mais luz sobre a imagem sociológica da natureza precária da realidade.

A teoria dos papéis e a sociologia do conhecimento representam elementos muito diferentes do pensamento sociológico. Os importantes subsídios que fornecem a respeito dos processos sociais ainda não foram integrados teoricamente, exceto talvez no sistema sociológico contemporâneo de Talcott Parsons, demasiado complexo para ser exposto aqui. Contudo, uma conexão relativamente simples entre as duas abordagens é proporcionada pela chamada teoria do grupo de referência, outra contribuição americana. Utilizado pela primeira vez por Herbert Hyman na década de 40, o conceito do grupo de referência foi desenvolvido por vários sociólogos americanos (entre os quais Robert Merton e Tamotsu Shibutani). Tem sido muito útil na pesquisa do funcionamento de organizações de vários tipos, tais como militares e industriais, embora essa utilização não nos interesse aqui.

Já se fez distinção entre os grupos de referência de que uma pessoa faz parte e aqueles para os quais ela orienta suas ações. Este último tipo atenderá a nossos objetivos. Um grupo de referência, nesse sentido, é a coletividade cujas opiniões, convicções e rumos de ação são decisivos para a formação de nossas próprias opiniões, convicções e rumos de ação. O grupo de referência nos proporciona um modelo com o qual nos podemos comparar continuamente. Especificamente, ele nos oferece um determinado ponto de vista sobre a realidade social, que poderá ou não ser ideológico no sentido anteriormente mencionado, mas que em qualquer caso será parte e parcela de nossa participação nesse grupo particular.

Certa vez a revista *The New Yorker* publicou um cartum mostrando um jovem universitário bem-vestido falando a uma moça desgrenhada que desfila numa manifestação, portando um cartaz exigindo o fim dos testes nucleares. A legenda dizia mais ou menos: "Tenho a impressão de que não a verei hoje à noite no Clube dos Conservadores Jovens". Esta vinheta demonstra a larga gama de grupos de referência hoje disponíveis a um universitário. Qualquer estabelecimento de ensino superior, com exceção dos muitos pequenos, oferece uma ampla variedade de tais grupos. O estudante sequioso de participação poderá unir-se a qualquer número de grupos de definição política, poderá orientar-se para um bando *beatnik*, ligar-se a um círculo de gente-bem ou simplesmente andar de um lado para outro com o grupinho formado em torno de um professor popular. É desnecessário dizer que, em cada um desses casos, será preciso cumprir certos requisitos em termos de vestuário e comportamento – entremear a conversa com jargão esquerdista, boicotar a barbearia local, usar paletó e gravata ou andar descalço a partir da primavera. Mas a escolha de grupo trará consigo também um conjunto de símbolos intelectuais, os quais seria conveniente exibir com um ar de fidelidade – ler a *National Review* ou *Dissent* (conforme o caso), apreciar a poesia de Allen Ginsberg, lida ao som do *jazz* mais dissonante possível, conhecer os nomes de batismo dos presidentes de meia dúzia de companhias em que se está de olho ou demonstrar desdém indizível por alguém que admita não conhecer os Poetas Metafísicos. O republicanismo à la Goldwater, o trotskysmo, o zen-budismo ou a Nova Crítica – todas essas augustas possibilidades de *Weltanschauung* podem engrandecer ou estragar reuniões nos sábados à noite, envenenar as relações com os colegas de quarto ou tornar-se base de fortes alianças com pessoas que antes se evitava a todo transe. E então se descobre ser possível "ganhar" certas moças com um carro esporte e outras com John Donne. É claro que só um sociólogo mal-intencionado poderia julgar que a escolha entre um Jaguar ou a poesia de Donne será determinada em termos de necessidade estratégica.

A teoria do grupo de referência demonstra que a filiação ou a desafiliação normalmente traz consigo compromissos cognitivos específicos. Uma pessoa se liga a um grupo e por isso "sabe" que o mundo é isso ou aquilo. Outra troca este grupo por outro e passa a "saber" que devia estar enganada. Todo grupo a que uma pessoa se reporta proporciona um ângulo de visão privilegiado do mundo. Todo papel incorpora uma cosmovisão. Ao se escolher pessoas específicas, escolhe-se um lugar específico do mundo para viver. Se a sociologia do conhecimento nos oferece um panorama da construção social da realidade, a teoria do grupo de referência aponta-nos as muitas pequenas oficinas em que "igrejinhas" de construtores do universo fabricam seus modelos do cosmo. A dinâmica sociopsicológica que condiciona este processo será presumivelmente a mesma que já examinamos ao analisar a teoria dos papéis – o impulso humano de ser aceito, de participar, de viver num mundo junto com outras pessoas.

Algumas das experiências realizadas por psicólogos sociais sobre a maneira como a opinião de grupo afeta até mesmo a percepção de objetos físicos dão-nos uma ideia da força irresistível desse impulso. Diante de um objeto de, digamos, 70cm de comprimento, um indivíduo progressivamente modificará sua estimativa inicial, correta, se colocado num grupo experimental em que todos os membros afirmem terem certeza de que o comprimento real será 30cm aproximadamente. Não é de espantar, portanto, que as opiniões grupais no tocante a questões políticas, éticas ou estéticas exerçam força ainda maior, uma vez que o indivíduo assim pressionado não pode recorrer, como último argumento, a um gabarito político, ético ou estético. Se o tentasse fazer, o grupo naturalmente negaria o gabarito. A medida de validade de um grupo é o gabarito de ignorância de outro grupo. Os critérios de canonização e amaldiçoamento são intercambiáveis. Quem escolhe seus companheiros, escolhe seus deuses.

Destacamos neste capítulo alguns elementos do pensamento sociológico que nos proporcionam uma imagem da sociedade atuando no homem, ampliando nossa anterior perspectiva do homem atuando na sociedade. Neste ponto, nossa imagem da sociedade como uma enorme prisão já não parece satisfatória, a menos que lhe acrescentemos o detalhe de grupos de prisioneiros ocupados ativamente em manter suas paredes intactas. Nosso encarceramento na sociedade já nos parece algo criado tanto por nós próprios quanto pela operação de forças externas. Uma imagem mais adequada da realidade social seria agora a de um teatro de fantoches, com a cortina se levantando e revelando as marionetes saltando nas extremidades de seus fios invisíveis, representando animadamente os pequenos papéis que lhe foram atribuídos na tragicomédia a ser encenada. Entretanto, a analogia não é bastante ampla. O Pierrô do teatro de fantoches não tem vontade nem consciência. Mas o Pierrô do palco social nada deseja senão o destino que o aguarda no cenário – e possui todo um sistema filosófico para prová-lo.

O termo-chave usado pelos sociólogos para se referir aos fenômenos discutidos neste capítulo é "internalização". O que acontece na socialização é que o mundo social é internalizado pela criança.

O mesmo processo, embora talvez num grau mais fraco, ocorre a cada vez que o adulto é iniciado num novo contexto social ou num novo grupo social. A sociedade, então, não é apenas uma coisa que existe "lá", no sentido durkheimiano, mas ela também existe "aqui", parte de nosso ser mais íntimo. Apenas uma compreensão da internalização dá sentido ao fato incrível de que a maioria dos controles externos funcionem durante a maior parte do tempo para a maior parte das pessoas de uma sociedade. A sociedade não só controla nossos movimentos, como ainda dá forma à nossa identidade, nosso pensamento e nossas emoções. As estruturas da sociedade tornam-se as estruturas de nossa própria consciência. A sociedade não se detém à superfície de nossa pele. Ela nos penetra, tanto quanto nos envolve. Nossa servidão para com a sociedade é estabelecida menos por conquista que por conluio. Às vezes, realmente, somos esmagados e subjugados. Com frequência muito maior caímos na armadilha engendrada por nossa própria natureza social. As paredes de nosso cárcere já existiam antes de entrarmos em cena, mas nós a reconstruímos eternamente. Somos aprisionados com nossa própria cooperação.

6.

A perspectiva sociológica –
A sociedade como drama

Se os dois capítulos anteriores comunicaram alguma coisa, o leitor estará tomado de uma sensação que talvez possa ser definida como de claustrofobia sociológica. Terá um certo direito moral de exigir que o autor destas páginas lhe proporcione algum alívio, mediante uma afirmação da liberdade humana em face aos vários determinantes sociais. Tal afirmação, entretanto, apresenta dificuldades apriorísticas dentro do quadro de uma discussão sociológica. Cumpre examinar rapidamente essas dificuldades antes de prosseguirmos.

A liberdade não é acessível empiricamente. Mais precisamente, embora a liberdade possa ser por nós experimentada como uma certeza, juntamente com outras certezas empíricas, não é passível de demonstração por quaisquer métodos científicos. Se desejarmos guiar-nos por Kant, a liberdade também não é acessível racionalmente, isto é, não pode ser demonstrada por métodos filosóficos baseados nas operações da razão pura. Limitando-nos aqui à questão da acessibilidade empírica, a evanescência da liberdade em relação à percepção científica repousa menos no indizível mistério do fenômeno (afinal, a liberdade pode ser misteriosa, mas o mistério é encontrado diariamente) do que no escopo estritamente limitado dos métodos científicos. Uma ciência empírica tem de atuar dentro de certas premissas, uma das quais é a de causalidade universal. Pressupõe-se que todo objeto de inquirição científica possua uma causa anterior. Um objeto, ou um fato, que *seja* sua própria causa situa-se fora do universo científico de discurso. Entretanto, a liberdade possui exatamente esse caráter. Por esse motivo, nenhum volume de pesquisa científica jamais revelará um fenômeno que possa ser designado como livre. Tudo quanto possa parecer livre dentro da consciência subjetiva de um indivíduo será descrito no esquema científico como um elo de alguma cadeia de causalidade.

Liberdade e causalidade não constituem termos logicamente contraditórios. Contudo, pertencem a quadros de referência díspares. Por isso, é ocioso esperar que métodos científicos sejam capazes de revelar liberdade mediante algum método de eliminação, acumulando causas sobre causas, até se chegar a um fenômeno residual que não pareça ter causa e que possa ser proclamado como livre. Liberdade não é aquilo que não tem causa. Da mesma forma, não se pode chegar a liberdade através do exame de casos em que a previsão científica falhe. Liberdade não é imprevisibilidade. Como demonstrou Weber, se fosse assim o louco seria o ser humano mais livre que existe. O indivíduo consciente de sua própria liberdade não se situa fora do mundo da causalidade: antes percebe sua própria volição como uma categoria especialíssima de causa, diferente das outras causas que tem de levar em conta. Essa diferença, entretanto, não é suscetível de demonstração científica.

Talvez uma analogia ajude a esclarecer a questão. Liberdade e causalidade não são termos contraditórios, e sim díspares, tanto quanto utilidade e beleza. As duas coisas não se excluem logicamente. Mas não se pode estabelecer a realidade de uma mediante a demonstração da realidade da outra. Pode-se tomar um objeto específico, como um móvel, e mostrar conclusivamente que ele possui determinada utilidade para a vida humana – sentar, comer, dormir, qualquer coisa. Contudo, por mais que se prove sua utilidade, nada ficará demonstrado quanto à beleza da cadeira, da mesa ou da cama. Em outras palavras, os universos utilitário e estético de discurso são rigorosamente incomensuráveis.

138

Em termos de método sociológico, defrontamo-nos com uma maneira de pensar que supõe *a priori* que o mundo humano seja um sistema fechado. O método do cientista social não seria científico se pensasse de outra forma. Como espécie especial de causa, a liberdade é excluída aprioristicamente desse sistema. Em termos de fenômenos sociais, o cientista social deve supor uma regressão infinita de causas, nenhuma das quais possuirá *status* ontológico privilegiado. Se não puder explicar um fenômeno, do ponto de vista causal, com um conjunto de categorias sociológicas, ele tentará outro. Se causas políticas não parecerem satisfatórias, tentará causas econômicas. E se todo o aparelho conceitual da sociologia parecer inadequado para explicar um dado fenômeno, ele poderá lançar mão de outro, como o psicológico ou o biológico. Ao assim proceder, porém, ele ainda se moverá dentro do cosmo científico – ou seja, descobrirá novas ordens de causas, mas não encontrará liberdade. Não há como perceber a liberdade, seja na própria pessoa ou em outro ser humano, salvo através de uma íntima certeza subjetiva que se dissolve tão logo é atacada com os instrumentos da análise científica.

Nada mais distante das intenções deste autor que sair-se agora com uma profissão de fé naquele credo positivista, ainda em moda entre alguns cientistas sociais americanos, que só crê nos fragmentos da realidade que possam ser tratados cientificamente. Tal positivismo tem como resultado quase invariavelmente uma forma ou outra de barbarismo intelectual, como demonstra de maneira admirável a história recente da psicologia behaviourista nos Estados Unidos. Não obstante tem-se de manter uma cozinha *kosher** para que a alimentação intelectual não se corrompa irremediavelmente– isto é, não se deve verter o leite do discernimento subjetivo sobre a carne da interpretação científica. Tal segregação não significa que

---

*Aprovado pela lei judaica, puro, limpo. O termo é aplicado especialmente a alimentos. (*N.T.*).

não se possa apreciar ambos alimentos; entretanto, não podem vir misturados num único prato.

Deduz-se daí que para nossa discussão manter-se rigidamente dentro do quadro de referência sociológico, que é científico, não poderíamos absolutamente falar em liberdade. Teríamos de deixar ao leitor a tarefa de sair como pudesse de sua prisão claustrofóbica. Como, felizmente, estas páginas não aparecerão numa publicação sociológica e não serão apresentadas numa reunião cerimonial da profissão, não há por que sermos tão ascéticos. Ao invés disso, seguiremos dois rumos. Em primeiro lugar, ainda permanecendo dentro do modelo de existência humana proporcionado pela própria perspectiva sociológica, tentaremos demonstrar que os controles, externos e internos, talvez não sejam tão infalíveis como se afiguram até agora. Em segundo lugar, sairemos fora do quadro de referência estritamente científico e *postularemos* a realidade da liberdade, após o que tentaremos olhar o modelo sociológico do ângulo dessa postulação. No primeiro rumo, acrescentaremos alguns retoques à nossa perspectiva sociológica; no segundo, tentaremos obter uma certa perspectiva humana da perspectiva sociológica.

Voltemos ao ponto em nosso raciocínio, no final do último capítulo, no qual afirmamos que nossa própria cooperação é necessária para levar-nos ao cativeiro social. Qual é a natureza dessa cooperação? Uma das possibilidades de se responder a essa pergunta consiste em tomarmos mais uma vez o conceito de Thomas da definição da situação. Podemos então argumentar que, quaisquer que sejam as pressões externas e internas da sociedade, na maioria dos casos nós próprios teremos de ser pelo menos codefinidores da situação social em questão. Ou seja, qualquer que seja a pré-história desta, nós próprios somos convocados a um ato de colaboração na manutenção da definição particular. Entretanto, uma outra possibilidade de resolver a pergunta acima consiste em lançar mão de outro sistema de conceituação sociológica – o de Weber. Julgamos que uma abordagem weberiana constitua neste ponto uma útil compensação para o ângulo durkheimiano sobre a existência social.

Talcott Parsons comparou a sociologia weberiana com outras abordagens, chamando-a de "voluntarística". Embora a concepção weberiana de metodologia científica seja demasiado kantiana para permitir a introdução em seu sistema da ideia de liberdade, o termo usado por Parsons distingue bem a ênfase weberiana na intencionalidade da ação social em oposição ao desinteresse durkheimiano por essa dimensão. Como vimos, Durkheim ressalta a externalidade, a objetividade, o caráter "coisificado" da realidade social. Inversamente, Weber sempre enfatiza os significados, as intenções e as interpretações subjetivas levadas a uma situação social pelos atores que dela participam. Weber, é claro, assinala também que aquilo que por fim acontece numa sociedade pode ser muito diferente do que esses atores tencionavam. Afirma, porém, que toda essa dimensão subjetiva deve ser tomada em consideração para uma adequada compreensão sociológica. Ou seja, a compreensão sociológica envolve a interpretação de significados presentes na sociedade.

Segundo essa concepção, toda situação social é mantida pela trama de significados para ela levados pelos vários participantes. É evidente, naturalmente, que numa situação cujo significado esteja fortemente estabelecido pela tradição e pelo consenso unânime, um único indivíduo não será capaz de fazer muito ao propor uma definição discordante. No mínimo, contudo, poderá provocar sua alienação em relação à situação. A possibilidade de existência marginal na sociedade já representa indício de que os significados comumente aprovados não são onipotentes em sua capacidade de coerção. Mais interessantes, porém, são os casos em que certos indivíduos conseguem formar um círculo de seguidores bastante grande para fazer suas interpretações discordantes do mundo "pegar", pelo menos entre esse círculo.

Essa possibilidade de se romper o consenso de uma sociedade é desenvolvida na teoria weberiana do carisma. O termo, derivado do

Novo Testamento (onde, contudo, é usado num sentido muito diferente), designa a autoridade social que não se baseia na tradição ou na legalidade, e sim no impacto invulgar de um líder isolado. O profeta religioso, que desafia a ordem estabelecida das coisas em nome de uma autoridade absoluta que lhe foi dada por Deus, é protótipo do líder carismático. Podemos lembrar figuras históricas como Buda, Jesus ou Maomé. Entretanto, o carisma também pode aparecer nas áreas profanas, sobretudo na política. Podemos lembrar personagens como César ou Napoleão. A fórmula paradigmática de tal autoridade carismática instituindo-se contra a ordem estabelecida pode ser encontrada nas reiteradas assertivas de Jesus – "Ouvistes o que foi dito ...mas eu vos digo". Nesse "mas" jaz uma pretensão de revogar legitimamente tudo quanto antes era considerado válido. Tipicamente, portanto, o carisma constitui um desafio passional ao poder de predefinição. Substitui os significados velhos por significados novos e redefine radicalmente os pressupostos da existência humana.

O carisma não deve ser entendido como alguma espécie de milagre que ocorra sem referência ao que aconteceu antes ou ao contexto social de seu surgimento. Nada na história está isento de vínculos com o passado. Além disso, como Weber analisa pormenorizadamente na teoria do carisma, a extraordinária paixão de um movimento carismático raramente sobrevive por mais de uma geração. Invariavelmente, o carisma se torna "rotinizado", como se expressou Weber, ou seja, reintegra-se nas estruturas da sociedade, em formas muito menos radicais. Os profetas são sucedidos por papas, os revolucionários por administradores. Depois que o grande cataclisma da revolução religiosa ou política termina e os homens se aquietam para viver sob aquilo que se considera ser uma nova ordem, verifica-se invariavelmente que as mudanças não foram tão completas quanto parecia à primeira vista. Os interesses econômicos e as ambições políticas passam a dominar quando o fervor insurrecional começa a amainar. Os velhos hábitos se reafirmam e a ordem criada pela revolução carismática começa a adquirir inquietantes semelhanças com o *ancien régime* que ela derrubou com tanta violência. Dependendo dos valores de uma pessoa, este fato pode contristar ou rejubilar. O que nos interessa, porém, não é a debilidade a longo prazo da rebelião na história, e sim sua simples possibilidade.

Vale notar que Weber considerava o carisma como uma das principais forças motrizes da história, muito embora percebesse lucidamente que o carisma é sempre um fenômeno de curta duração. Entretanto, por mais que os velhos padrões possam reaparecer no curso da "rotinização" do carisma, o mundo nunca mais é o mesmo. Muito embora a mudança tenha sido maior do que os revolucionários esperavam, houve, não obstante, uma mudança. Às vezes, só com muito tempo se pode ver quão profunda foi a mudança. É por isso que quase todas as tentativas de contrarrevolução total falham, como demonstram exemplos como os do Concílio de Trento e do Congresso de Viena. A lição que isto encerra para nossa perspectiva sociológica é simples, quase banal, mas ainda assim importante para um quadro mais equilibrado: É possível desafiar efetivamente o Leviatã da predefinição. Ou para formular a mesma coisa negativamente, em termos de nossa discussão anterior: É possível retirarmos nossa cooperação com a história.

Parte da impressão de inexorabilidade transmitida pelas visões da sociedade Durkheim e outros deve-se ao fato de não darem suficiente atenção ao próprio processo histórico. Nenhuma estrutura social, por mais compacta que possa parecer no presente, possuiu essa solidez desde a alvorada dos tempos. Em algum momento cada uma de suas características salientes foi imaginada por seres humanos, quer tenham sido visionários carismáticos, hábeis vigaristas, conquistadores heroicos ou simples indivíduos em posições de poder que imaginaram alguma forma melhor de dirigirem o espetáculo. Uma vez que todos os sistemas sociais foram criados por homens, deduz-se que também podem ser mudados por homens. Na verdade, uma das limitações das concepções da sociedade acima mencionadas (as quais, repitamos, oferecem-nos uma perspectiva válida da realidade social) está no fato de ser difícil explicar modificações dentro de seus quadros de referência. É nesse ponto que a orientação histórica da abordagem weberiana restabelece o equilíbrio.

As visões sociais de Durkheim e de Weber não são logicamente contraditórias. São apenas antitéticas, uma vez que enfocam aspectos diferentes da realidade social. É inteiramente correto dizer que a sociedade é um fato objetivo, que nos coage e até nos cria. No entanto, também é correto dizer que nossos próprios atos significativos ajudam a sustentar o edifício da sociedade e podem oportunamente ajudar a modificá-lo. Com efeito, as duas afirmativas encerram o paradoxo da existência humana: a sociedade nos define, mas é por sua vez definida por nós. Este paradoxo constitui aquilo a que já aludimos antes, em termos de conluio e colaboração com a sociedade. Contudo, vendo a sociedade dessa maneira ela parece muito mais frágil que do outro ângulo. Necessitamos do reconhecimento da sociedade para sermos humanos, para termos uma imagem de nós próprios, para possuirmos uma identidade. No entanto, a sociedade necessita do reconhecimento de muitos como nós para sequer existir. Em outras palavras, não somente nós, mas também a sociedade existe em virtude de definição. O êxito de nossa recusa em reconhecer uma determinada realidade social dependerá de nossa localização social. Ao escravo, pouco adianta recusar-se a reconhecer sua escravidão. Mas o caso muda de figura quando um dos senhores o faz. Contudo, os sistemas escravagistas sempre reagiram violentamente a tal desafio, mesmo partindo da mais humilde de suas vítimas. Parece, portanto, que, da mesma forma que não existe poder total na sociedade, também não existe impotência total. Os senhores da sociedade reconhecem isto e aplicam seus controles.

Segue-se que os sistemas de controle têm necessidade constante de confirmação e reconfirmação por parte dos controlados. Podemos negar essa confirmação de várias formas, cada uma das quais representa uma ameaça à sociedade, da forma como definida oficialmente. As possibilidades a considerarmos aqui são as de transformação, alheamento e manipulação.

Nossa referência ao carisma já indicou a maneira como pode ocorrer a transformação das definições sociais. O carisma, naturalmente, não é o único fator capaz de produzir mudança na sociedade. Contudo, qualquer processo de mudança social está ligado a novas definições da realidade. Qualquer redefinição significa que alguém começa a agir de maneira contrária às expectativas que lhe são dirigidas, de conformidade com a velha definição. O Senhor espera que o escravo se curve diante dele, e em lugar disso recebe uma bofetada. Dependendo, é claro, da frequência de tais incidentes, falaremos de "desvio" individual ou de "desorganização" social, para usarmos dois termos sociológicos comuns. Quando um indivíduo se recusa a reconhecer a definição social dos direitos econômicos, defrontar-se-á com um fenômeno de crime, ou seja, com aqueles atos de desvio que são relacionados nas estatísticas da polícia como "crimes contra a propriedade". Entretanto, quando massas, sob liderança política, recusam-se a reconhecer esses direitos, estamos diante de uma revolução (seja na forma do estabelecimento de uma ordem socialista ou, mais brandamente, de um novo e radical sistema tributário). As diferenças sociológicas entre o desvio individual, tal como o crime, e a desorganização e a reorganização de todo um sistema social, tal como a revolução, são óbvias. Ambas as coisas, entretanto, são relevantes para nossa análise, ao demonstrarem a possibilidade de resistência aos controles externos e (por necessidade) também aos internos. Na verdade, quando examinamos as revoluções, constatamos que os atos exteriores contra a velha ordem são invariavelmente precedidos pela desintegração da solidariedade e da fidelidade interiores. As imagens dos reis desmoronam antes de seus tronos. Como mostrou Albert Salomon, essa destruição da concepção que os povos fazem de seus governantes pode ser ilustrada pelo Caso do Colar da Rainha, antes da

Revolução Francesa, e pelo Caso de Rasputin, antes da Revolução Russa. A atual insurreição dos negros dos Estados Unidos contra o sistema de segregação no Sul foi da mesma forma precedido por um longo processo no qual as velhas definições do papel dos negros foram desacreditadas na nação de modo geral e destruídas em suas próprias mentes (processo este, aliás, em que cientistas sociais, inclusive brancos e sulistas, tiveram não pequena atuação). Em outras palavras, muito antes de os sistemas sociais serem derrubados com violência, são privados de seu apoio ideológico pelo desprezo. O não reconhecimento e a contradefinição das normas sociais são sempre potencialmente revolucionárias.

Contudo, podemos examinar casos muito mais rotineiros em que determinadas situações sociais podem ser transformadas ou pelo menos sabotadas por uma recusa em se aceitar suas prévias definições. Se nos for permitida uma referência pouco erudita aqui, apontaríamos a obra de Stephen Potter, humorista inglês, como excelente para a sutil arte da sabotagem social. Aquilo que Potter chama de *ploy* é exatamente a técnica de redefinir uma situação contra as expectativas gerais – e fazê-lo de maneira tal que os outros participantes da situação sejam apanhados desprevenidos e se vejam incapazes de contra-atacar. O paciente que marca telefonemas com antecedência de forma tal que transforma o consultório de seu médico em escritório comercial, o turista americano que dá aulas a seu anfitrião inglês sobre as antiguidades de Londres, o hóspede que consegue desconcertar inteiramente seus anfitriões religiosos na manhã de domingo ao aludir a uma seita esotérica a que pertence – tudo isto constitui exemplos daquilo que poderia ser chamado de bem-sucedida sabotagem microssociológica, insignificante em comparação aos transtornos prometeanos dos grandes revolucionários, mas que revelam a precariedade inerente da trama social. Se seus preconceitos morais permitirem, o leitor poderá facilmente testar a validade da técnica de Potter de demolição social. Finja ser um abstêmio tolerante, mas firme, num coquetel em Nova York, ou iniciado em algum culto místico num piquenique da Igreja Metodista, ou psicanalista num almoço de homens de negócios – em cada um desses casos, é provável que verificará que a introdução de um personagem dramático que não se ajusta ao cenário de cada uma dessas representações ameaça seriamente o desempenho dos outros. Experiências como essas podem levar a uma súbita inversão de sua concepção da sociedade – a imagem imponente de um edifício de sólido granito dará lugar à impressão de uma casa de brinquedo precariamente armada com *papier mâché*. Embora tal metamorfose possa ser perturbadora para aqueles que até então tinham demonstrado grande confiança na estabilidade e correção da sociedade, pode também ter um efeito dos mais aliviantes sobre as pessoas inclinadas a ver a sociedade como um gigante pouco amistoso. É tranquilizador descobrir que o gigante tem seus tiques nervosos.

Se não se puder transformar ou sabotar a sociedade, pode-se apartar-se dela interiormente. O alheamento tem constituído método de resistência aos controles sociais pelo menos desde o tempo de Lao-tzu e foi transformado em teoria de resistência pelos estoicos. A pessoa que se retira do palco social para domínios religiosos, intelectuais ou artísticos por ela mesma criados ainda leva, naturalmente, para esse exílio voluntário, a linguagem, a identidade e o acervo de conhecimento que consumou inicialmente nas mãos da sociedade. Entretanto, é possível, embora frequentemente a um alto preço psicológico, construir para si mesmo uma torre de marfim espiritual em que as expectativas cotidianas da sociedade podem ser ignoradas quase completamente. E, ao assim proceder, o personagem intelectual desse castelo espiritual passa cada vez mais a ser construído pela própria pessoa, e não pelas ideologias do sistema social que o circunda. Se encontra outros dispostos a também participar dessa empresa, a pessoa cria, num sentido muito real, uma contrassociedade cujas relações com a outra, a sociedade "legítima", pode ser reduzida a um mínimo diplomático. A propósito, nesse caso a carga psicológica de tal alheamento pode ser substancialmente minimizada.

Tais contrassociedades, construídas com base em definições discordantes e marginalizadas, existem na forma de seitas, cultos, "círculos fechados" ou outros grupos a que os sociólogos chamam de subculturas. Caso desejarmos sublinhar a independência normativa e cognitiva de tais grupos, o termo submundo talvez seja melhor. Um submundo existe como uma ilha de significados discordantes dentro do mar de sua sociedade, para adaptarmos a frase que Carl Meyer usou eloquentemente para descrever o caráter social do sectarismo religioso. O indivíduo que ingressa num desses submundos é levado a sentir intensamente estar ingressando num universo de discurso inteiramente diferente. Religiosidade excêntrica, subversão política, sexo não convencional, prazeres proibidos – qualquer uma dessas coisas é capaz de criar um submundo cuidadosamente protegido dos efeitos dos controles físicos e ideológicos da sociedade. Assim, uma moderna cidade americana pode abrigar, bem escondidos da vista pública, seus mundos subterrâneos de teosofistas, trotskystas, homossexuais e viciados em tóxicos, que falam sua própria linguagem e que em seus próprios termos constroem um universo enormemente distanciado, em significado, do mundo de seus concidadãos. Na verdade, a anonimidade e liberdade de movimento da moderna vida urbana facilitam bastante a construção de tais submundos.

Contudo, é importante acentuar que construções mentais menos rebeldes também podem libertar o indivíduo consideravelmente do sistema definitório de sua sociedade. Um homem que dedique apaixonadamente a vida ao estudo da matemática pura, da física teórica, da assiriologia ou do zoroastrismo pode-se dar ao luxo de dar um mínimo de atenção às exigências sociais rotineiras, desde que de alguma forma consiga sobreviver economicamente. Mais importante, os rumos de pensamento para os quais esses universos de discurso naturalmente o conduzirão possuirão um altíssimo grau de autonomia com relação aos padrões intelectuais rotineiros que constituem a cosmovisão de sua sociedade. Vale recordar o brinde proferido numa reunião de matemáticos. "À matemática pura – na esperança de que ela nunca seja útil a ninguém!" Ao contrário de alguns dos exemplos mencionados anteriormente, essa espécie de submundo não é gerada por uma rebelião contra a sociedade em si, embora conduza da mesma forma a um universo intelectual autônomo no qual um indivíduo pode existir com alheamento quase olímpico. Em outras palavras, é possível aos homens, sozinhos ou em grupos, construir seus próprios mundos e assim se apartarem dos mundos no qual foram originalmente socializados.

A discussão da arte da *ploying* já nos levou perto do terceiro método principal de escapar à tirania da sociedade, o método de manipulação. Aqui, o indivíduo não tenta transformar as estruturas sociais, nem se aparta delas. Ao invés disso, usa-as deliberadamente de maneiras imprevistas por seus guardiães legítimos, cortando um atalho através da selva social, de acordo com seus próprios propósitos. Em sua análise do mundo dos "internos" (seja em hospitais de doenças mentais, prisões ou outras instituições coercitivas), Erving Goffman ofereceu exemplos vividos de como é possível "operar o sistema", isto é, utilizá-lo de maneiras não estipuladas oficialmente. O preso que trabalha na lavanderia da penitenciária e usa as máquinas para lavar suas próprias meias, o paciente que obtém acesso ao sistema de comunicações do pessoal do hospital, o soldado que transporta as namoradas em viaturas militares – todos eles estão "operando o sistema" e assim proclamando uma certa independência em relação às suas exigências tirânicas. Seria precipitado não dar maior importância a essas manipulações, considerando-as tentativas patéticas e inúteis de rebelião. Já houve casos instrutivos em que sargentos dirigiram com êxito redes de lenocínio e que pacientes de hospitais utilizaram o centro de mensagens como ponto de corretagem de apostas. Tais operações se processaram clandestinamente durante longo tempo. E a sociologia industrial está cheia de exemplos de trabalhadores que empregam a organização oficial de uma fábrica para fins discordantes e até antagônicos às intenções da administração.

A engenhosidade de que os seres humanos são capazes para contornar e subverter até mesmo o mais complexo sistema de controle representa um antídoto para a depressão sociológica. É em termos de alívio pela quebra do determinismo social que se explica a simpatia que frequentemente sentimos pelo vigarista, impostor ou charlatão (pelo menos desde que não sejamos suas vítimas). Essas figuras representam um maquiavelismo social que compreende a sociedade profundamente e depois, livre de ilusões, descobre uma maneira de manipulá-la para seus próprios fins. Há na literatura personagens como Lafcadio, de André Gide, ou Felix Krull, de Thomas Mann, que ilustram esse fascínio. Na vida real poderíamos apontar um homem como Ferdinand Waldo Demara Jr., que enganou uma longa série de eminentes especialistas em vários campos, personificando respeitadas identidades sociais como professor universitário, oficial militar, penólogo e até cirurgião. Ao ver o impostor assumir vários papéis da sociedade respeitável, somos inevitavelmente tomados pela inquietante impressão de que as pessoas que detêm esses papéis "legitimamente" talvez tenham atingido seu *status* através de métodos pouco diferentes dos utilizados pelo impostor. E se alguém conhece a empulhação e o "farol" que entram como ingredientes numa carreira profissional poderá até aproximar-se perigosamente da conclusão de que a sociedade constitui essencialmente um embuste. De uma maneira ou de outra, todos somos impostores. O ignorante personifica erudição; o ladrão, honestidade; o cético, convicção – e nenhuma universidade normal poderia existir sem o primeiro, nenhuma organização comercial sem o segundo, e nenhuma igreja sem o terceiro.

Goffman criou outro conceito útil, o de "distanciamento do papel" – o desempenho de um papel com reservas mentais, sem convicção e com um propósito ulterior. Toda situação fortemente coer-

150

citiva produz este fenômeno. O "nativo" representa o papel de criado diante do *pukka sahib*, ao mesmo tempo em que planeja a revolta que decepará todas as cabeças brancas. O negro representa o papel do criado doméstico sem dignidade, e o soldado o do militar fanático, ambos nutrindo ideias diametralmente opostas à mitologia na qual seus papéis possuem um significado que eles interiormente rejeitam. Como observa Goffman, essa espécie de duplicidade constitui a única forma pela qual a dignidade humana pode ser mantida na consciência pessoal de pessoas em tais situações. Entretanto, o conceito de Goffman poderia ser aplicado a todos os casos em que um papel é deliberadamente representado em identificação interior, ou, em outras palavras, em que o ator estabelece uma distância interior entre sua consciência e sua representação. Tais casos são de importância fundamental para a perspectiva sociológica porque se afastam do padrão normal. Este padrão, como temos insistido, consiste em os papéis serem representados sem reflexão, em resposta imediata e quase automática às expectativas da situação. Aqui, essa névoa de inconsciência dissipa-se subitamente. Em muitos casos isso poderá não afetar o rumo visível dos acontecimentos, mas sempre constituirá uma forma qualitativamente diferente de existência na sociedade. O "distanciamento do papel" assinala o ponto em que o fantoche transforma-se em Bajaccio – o teatro de marionetes converte-se num palco vivo. Haverá ainda, naturalmente, um *script*, uma direção de cena e um repertório, o qual inclui o papel pessoal. Mas agora a pessoa está representando o papel em questão com plena consciência. Assim que isto acontece, surge a possibilidade ominosa de que Bajaccio se afaste de seu papel e comece a representar o herói trágico – ou que Hamlet comece a dar cambalhotas e cantar quadrinhas obscenas. Reiteremos nossa afirmativa anterior de que todas as revoluções começam com transformações da consciência.

Um conceito útil para trazermos à baila agora é o de "êxtase". Não nos referimos a algum aguçamento anormal da consciência num sentido místico, e sim, literalmente, ao ato de se manter do lado de fora ou dar um passo para fora (etimologicamente, *ekstasis*) das rotinas normais da sociedade. Ao falarmos da "alternação" já nos referimos a uma forma importantíssima de "êxtase" em nosso sentido especial, ou seja, aquela que ocorre quando um indivíduo salta de um mundo para outro em sua existência social. Contudo, até mesmo sem tal troca de universos é possível a consecução de distanciamento e alheamento em relação ao próprio mundo em que se vive. Tão logo um dado papel é representado sem comprometimento interior, deliberada e fraudulentamente, o ator se encontra em estado de êxtase com relação a seu "mundo óbvio". Aquilo que outros encaram como destino, ele vê como um conjunto de fatores que deve levar em consideração em suas operações. Aquilo que outros veem como identidade essencial, ele trata como conveniente disfarce. Em outras palavras, o "êxtase" transforma a consciência que se tem da sociedade, fazendo com que *determinação* se converta em *possibilidade*. Embora isto comece como um estado de consciência, é evidente que mais cedo ou mais tarde haverá consequências importantes em termos de ação. Do ponto de vista dos guardiães oficiais da ordem, é perigoso permitir que um número excessivo de indivíduos pratique o jogo social com reservas mentais.

A consideração do "distanciamento do papel" e de "êxtase" como possíveis elementos de existência social suscita uma interessante indagação no campo da sociologia do conhecimento, ou seja, se existe ou não contextos ou grupos sociais que favoreçam particularmente tal consciência. Karl Mannheim, que dava a essa indagação uma resposta decididamente positiva, sob fundamentos éticos e políticos (uma posição que muitos julgariam discutível), dedicou muito tempo à procura de seu possível terreno social. Sua ideia de que a "*intelligentsia* livremente suspensa" (isto é, uma camada de intelectuais com participação mínima nos interesses da sociedade) constituiria os melhores portadores dessa espécie de consciência liberada pode ser discutida. De qualquer forma, não há dúvida de que certos tipos de treinamento e atividade intelectuais são capazes de levar ao "êxtase", como indicamos em nossa análise das formas de alheamento.

Podemos fazer outras tentativas de generalização. A ocorrência de "êxtase" é mais provável em culturas urbanas que em culturas rurais (vide o clássico papel das cidades como núcleos de liberdade política e de liberalismo), mais provável entre grupos que se situam na periferia da sociedade do que entre grupos centrais (vide a história da relação dos judeus europeus com vários movimentos intelectuais liberais – ou, num sentido muito diferente, tomemos como exemplo os pregadores itinerantes búlgaros que, através de toda a Europa, levaram a heresia maniqueísta até a Provença), e ainda mais provável entre grupos que se sentem inseguros em sua posição social que entre os que estão seguros (vide a produção de ideologias desmistificadoras entre classes ascendentes que têm de lutar contra uma ordem estabelecida – a ascendente burguesia francesa nos séculos XVII e XVIII). Tal localização social do fenômeno nos lembra mais uma vez que nem mesmo a rebelião total ocorre num vácuo social sem predefinições. Até mesmo o niilismo é predefinido em termos das estruturas que nega – antes que se chegue ao ateísmo, por exemplo, é preciso que haja uma ideia de Deus. Em outras palavras, toda libertação de papéis sociais tem lugar dentro de limites que também são sociais. Não obstante, nossa análise das várias formas de "êxtase" nos afastou um pouco da situação de encurralamento determinístico para onde tínhamos sido levados.

Chegamos assim a uma terceira imagem da sociedade, depois das imagens da prisão e do teatro de fantoches – um palco povoado de atores vivos. Essa terceira imagem não oblitera as duas anteriores, mas é mais adequada em termos dos novos fenômenos sociais que levamos em consideração. Isto é, o modelo teatral da sociedade a que agora chegamos não nega que os atores que estão no palco sejam coagidos por todos os controles externos estabelecidos pelo empresário e pelos controles internos do próprio papel. Ainda assim, porém, os atores têm opções – representar seus papéis com entusiasmo ou má vontade, representar com convicção interior ou com "distanciamento" e, às vezes, recusar absolutamente a representar. O exame da sociedade segundo este modelo teatral altera profundamente nossa perspectiva sociológica geral. A realidade social parece estar agora precariamente pousada na cooperação de muitos atores individuais – ou talvez uma metáfora melhor seria a de acrobatas executando perigosos números de equilibrismo e sustentando juntos a oscilante estrutura do mundo social.

Palco, teatro, circo e até parque de diversões – eis a imagística de nosso modelo, com uma concepção da sociedade como precária, insegura, muitas vezes imprevisível. Embora realmente nos forcem e nos coajam, as instituições da sociedade parecem ao mesmo tempo convenções teatrais, até mesmo ficções. Foram inventadas por empresários do passado, e os empresários futuros poderão lançá-las de volta ao nada de onde vieram. Representando o drama social, fingimos que essas precárias convenções sejam verdades eternas. Agimos *como se* não houvesse nenhuma outra maneira de ser homem, súdito político, devoto religioso ou determinado tipo de profissional. Entretanto, às vezes até aos mais obtusos dentre nós ocorre a ideia de que poderíamos fazer coisas *muito* diferentes. Se a realidade social é criada por convenções, certamente poderá também ser modificada por convenções. Assim, o modelo teatral abre uma saída do rígido determinismo para o qual o pensamento sociológico nos levara de início.

Antes de deixarmos nossa análise sociológica mais estreita, gostaríamos de mencionar uma contribuição clássica muito relevante para as questões que acabamos de abordar – a teoria de sociabilidade do sociólogo alemão Georg Simmel, contemporâneo de Weber, e cuja atitude em relação à sociologia diferia bastante da posição weberiana. Simmel argumentava que a sociabilidade (no sentido habitual dessa palavra) é a forma lúdica de interação social. Numa festa, as pessoas "brincam de sociedade", isto é, entregam-se a muitas formas de interação social, mas sem seu tom habitual de seriedade. A sociabilidade transforma a comunicação séria em conversa inconsequente, *eros* em coquetismo, ética em boas maneiras, estética em gosto. Como demonstra Simmel, o mundo da sociabilidade é algo precário e artificial que pode ser despedaçado a qualquer momento por alguém que se recuse a praticar o jogo. O homem que se empenha num debate apaixonado numa festa estraga o jogo, tanto quanto aquele que leva o *flirt* ao ponto de sedução declarada (uma festa *não é* uma orgia) ou aquele que abertamente defende seus interesses comerciais sob o disfarce de bate-papo inofensivo (a conversação numa festa tem de pelo menos fingir ser desinteressada). Aqueles que participam de uma situação de pura sociabilidade abandonam temporariamente suas identidades "sérias" e passam para um mundo transitório de faz de conta, que consiste, entre outras coisas, da simulação de que todos os participantes foram libertados dos pesos de posição, propriedade e paixões normalmente associados a eles. Qualquer pessoa que traga para essa situação a gravidade (em ambos os sentidos da palavra) de interesses externos "sérios" imediatamente despedaça esse frágil artifício de simulação. É por isso, aliás, que a sociabilidade pura raramente é possível senão entre pessoas da mesma classe social, uma vez que de outra forma a afetação seria demasiado difícil de ser mantida – como todo coquetel de escritório demonstra dolorosamente.

Embora não estejamos particularmente interessados no fenômeno da sociabilidade em si, podemos agora relacionar o que Simmel diz em relação a ela como nosso exame anterior da ideia de Mead, segundo a qual os papéis sociais são aprendidos através da brincadeira. Argumentamos que a sociabilidade não poderia absolutamente existir como o artifício que é se a sociedade em geral não tivesse um caráter artificial semelhante. Em outras palavras, a sociabilidade constitui um caso especial de "brincar de sociedade", de uma simulação mais consciente, menos preso às ambições prementes da carreira de uma pessoa – mas ainda assim parte de uma trama social muito maior com a qual também se pode brincar. É justamente através dessa brincadeira, como vimos, que a criança aprende a assumir seus papéis "sérios". Na sociabilidade voltamos por alguns momentos às simulações da infância – e talvez aí esteja o motivo do prazer que ela proporciona.

Entretanto, será exagero supor que as máscaras do mundo "sério" sejam terrivelmente diferentes das máscaras desse mundo lúdico. Uma pessoa representa o conversador brilhante na festa e o homem de vontade férrea no escritório; o tato social pode ser traduzido em habilidade política; a argúcia nos negócios, em correta utilização de etiqueta para fins de sociabilidade. Ou, se os leitores assim preferirem, há uma ligação entre as "graças sociais" e as habilidades sociais em geral. Neste fato repousa a justificativa sociológica para o treinamento "social" dos diplomatas, bem como de debutantes. Ao "brincar de sociedade", uma pessoa aprende a ser um ator social em qualquer parte. E isto só é possível porque a sociedade como um todo tem um caráter lúdico. Como o historiador holandês Johan Huizinga demonstrou com brilhantismo em seu livro *Homo ludens*, é impossível apreender a cultura humana a menos que a examinemos *sub specie ludi* – sob o aspecto do jogo e da diversão.

Com tais pensamentos chegamos aos limites finais daquilo que ainda é possível dizer dentro de um quadro de referência sociológico. Dentro desse quadro, nada mais podemos fazer para aliviar o leitor do fardo determinístico de nossa argumentação anterior. Em comparação com essa argumentação, o que ficou dito neste capítulo poderá parecer um tanto débil e pouco concludente. Isto é inevitável. Repetindo o que já foi dito, é impossível *a priori* atingir a liberdade, em seu pleno sentido, através de meios científicos ou dentro de um universo científico de discurso. O máximo que conseguimos foi mostrar, em certas situações, uma certa liberdade *em relação* aos controles sociais. Não nos será possível descobrir, por meios científicos, liberdade *para agir* socialmente. Mesmo que consi-

156

gamos encontrar lacunas na origem de causalidade passível de ser estabelecida sociologicamente, o psicólogo, o biólogo ou algum outro mercador de causas intervirá e tapará a lacuna com materiais tirados de *seu* mostruário determinista. Entretanto, como não fizemos neste livro qualquer promessa no sentido de nos limitarmos asceticamente à lógica científica, estamos agora prontos a abordar a existência social de uma direção muito diferente. Não tivemos êxito em alcançar a liberdade sociologicamente, e percebemos que jamais o conseguiremos. Vejamos agora como podemos examinar nosso próprio modelo sociológico de um ângulo diferente.

Como já observamos, só por barbarismo intelectual alguém insistirá em que a realidade constitui apenas aquilo que pode ser apreendido por métodos científicos. Como tentamos nos manter fora desse barbarismo, nossa análise sociológica foi levada a efeito com base em outra concepção da existência humana que em si não é sociológica, nem mesmo científica. Tampouco esta concepção é particularmente excêntrica, representando apenas a antropologia comum (se bem que elaborada de maneira muito diferente) daqueles que atribuem ao homem a capacidade de liberdade. É óbvio que uma discussão filosófica de tal antropologia romperia totalmente a estrutura deste livro, além de estar além da competência deste autor. Entretanto, muito embora não tentemos oferecer uma introdução filosófica à questão da liberdade humana, será necessário, para nossa argumentação, darmos pelo menos algumas indicações de como é possível pensar sociologicamente sem abandonar esta noção de liberdade, e, mais ainda, como uma concepção do homem que compreenda a ideia de liberdade pode levar em conta a dimensão social. Em nossa opinião, trata-se de uma importante área de diálogo entre a filosofia e as ciências sociais que ainda apresenta áreas extensas de território virgem. Julgamos que a obra de Alfred Schuetz e os esforços de Maurice Natanson constituam sinais da direção que esse diálogo poderia tomar. Nossas próprias observações nas páginas seguintes serão bastante incompletas. Esperamos, porém, que bastem para indicar ao leitor que o pensamento sociológico não tem de forçosamente terminar num atoleiro positivista.

Partiremos agora do postulado de que os homens são livres e desse novo ponto de partida voltaremos ao mesmo problema da existência social. Nessa jornada serão úteis alguns conceitos formulados por filósofos existencialistas, que usaremos sem qualquer intenção doutrinária. O leitor está, pois, convidado a dar um salto mortal epistemológico – e, depois disto, a voltar ao assunto em questão.

Voltemos sobre nossos passos até o ponto em que examinamos a teoria das instituições de Gehlen. Verificamos que Gehlen interpreta as instituições como meios de canalização da conduta humana, análogas aos instintos, que canalizam o comportamento dos animais. Ao analisarmos essa teoria, observamos que, contudo, existe uma diferença fundamental entre as duas espécies de canalização. O animal, se refletisse sobre a questão de seguir seus instintos, diria: "Não tenho escolha". Os homens, ao explicarem por que obedecem aos imperativos institucionais, dizem o mesmo. A diferença está em que o animal estaria dizendo a verdade, os homens estão se iludindo. Por quê? Porque, na verdade, eles *podem* dizer "não" à sociedade, o que já ocorreu muitas vezes. Poderá haver consequências desagradáveis se decidirem por esse rumo. É possível que nem sequer cogitem dessa possibilidade, uma vez que tomam como natural sua própria obediência. Podem imaginar que apenas possuem como identidade seu caráter institucional, e a alternativa poderá parecer salto para a loucura. Isto não altera o fato de que a declaração "tenho de fazer" é ilusória em quase toda situação social.

De nosso novo ângulo de observação, dentro de um quadro de referência antropológico que reconhece o homem como livre, podemos aplicar com proveito a este problema aquilo que Jean-Paul Sartre chamou de "má-fé". Em termos muito simples, "má-fé" consiste em simular que alguma coisa é necessária, quando na verdade é voluntária. Assim, a "má-fé" constitui uma fuga da liberdade, uma desonesta evasão à "agonia da opção". A "má-fé" se manifesta em inumeráveis situações humanas, desde as mais corriqueiras até as mais catastróficas. O garçom que tira seus turnos de trabalho num restaurante age de "má-fé" na medida em que finge a si mesmo que seu papel de garçom constitui sua existência real, que, pelo menos durante as horas em que trabalha, ele é o garçom. A mulher que permite que seu corpo seja seduzido passo a passo, enquanto continua a manter uma conversa inocente, age de "má-fé", na medida em que simula que o que está acontecendo a seu corpo não está sob seu controle. O terrorista que mata e se desculpa, dizendo que não tinha alternativa porque o partido lhe ordenou que matasse, age de "má-fé", porque finge que sua existência está necessariamente ligada ao partido, quando de fato essa ligação é a consequência de sua própria opção. Pode-se constatar facilmente que a "má-fé" recobre a sociedade como uma película de mentiras. Contudo, a simples possibilidade de "má-fé" mostra-nos a realidade da liberdade. O homem só pode agir de "má-fé" porque é livre e não deseja encarar de frente sua liberdade. A "má-fé" é a sombra da liberdade humana. Sua tentativa de fugir a essa liberdade está fadada à derrota. Porque, como Sartre se expressou, estamos "condenados à liberdade".

Se aplicarmos este conceito à nossa perspectiva sociológica, nos confrontamos subitamente com uma alarmante conclusão. O complexo de papéis dentro do qual exibimos na sociedade se nos afigura agora como uma imensa máquina de "má-fé". Cada papel traz consigo a possibilidade de "má-fé". Todo homem que diz "Não tenho alternativa", referindo-se àquilo que seu papel social exige dele, age de "má-fé". Ora, podemos imaginar facilmente circunstâncias em que tal confissão será verdadeira na medida em que não há alternativa *dentro daquele determinado papel*. Entretanto, o indivíduo tem a alternativa de deixar o papel. Realmente, em certas circunstâncias o homem de negócios "não tem alternativa" senão destruir brutalmente um competidor, a menos que se conforme em falir ele próprio, mas é ele quem prefere a brutalidade à falência. É verdade que um homem "não tem alternativa" senão abandonar uma ligação homossexual para conservar sua posição na sociedade respeitável, mas é ele quem está fazendo a opção entre a respeitabilidade e a lealdade àquela ligação. É verdade que em certos casos um juiz "não tem alternativa" senão condenar um homem à morte, mas ao fazê-lo ele escolhe continuar como juiz, uma ocupação que escolheu sabendo que poderia levar a isto, e prefere não se demitir ao enfrentar a ocasião desse dever. Os homens são responsáveis por suas ações. Agem de "má-fé" quando atribuem a uma necessidade férrea aquilo que eles próprios estão decidindo fazer. Até a própria lei, o reduto supremo da "má-fé", começou a reconhecer este fato ao julgar os criminosos de guerra nazistas.

Sartre nos ofereceu uma descrição magistral do funcionamento da "má-fé", em seus aspectos extremos, ao retratar o antissemita como tipo humano. O antissemita é o homem que se identifica desvairadamente com entidades mitológicas ("nação", "raça", "*Volk*") e que ao assim proceder asfixia a consciência de sua própria liberdade. O antissemitismo (ou, poderíamos acrescentar, qualquer outra forma de racismo ou nacionalismo fanático) é a "má-fé" por excelência porque identifica os homens, em sua totalidade humana, com seu caráter social. A própria natureza humana torna-se um artifício destituído de liberdade. Uma pessoa passa então a amar, odiar e matar dentro de um mundo mitológico em que todos os homens *são* suas designações sociais, tal como o homem das SS *é* o que sua insígnia diz que ele é e o judeu *é* o símbolo de vileza costurado em seu uniforme do campo de concentração.

Sob esta forma de suprema malignidade, contudo, a "má-fé" não se limita ao mundo kafkiano do nazismo e suas analogias totalitárias. Ela existe em nossa própria sociedade em padrões idênticos de automistificação. É somente como uma longa série de atos de "má-fé" que a pena capital continua a existir em sociedades pretensamente humanitárias. Nossos torturadores, tanto quanto os torturadores nazistas, apresentam-se como conscienciosos servidores públicos, com uma impecável (embora medíocre) moralidade privada, e que relutantemente superam sua fraqueza a fim de cumprir seu dever.

Não entraremos neste ponto nas implicações éticas dessa "má-fé". Faremos isto sucintamente no excurso que segue este capítulo. Preferiremos voltar daqui à alarmante concepção da sociedade a que chegamos em consequência dessas considerações. Como a sociedade existe como uma rede de papéis sociais, cada um dos quais pode tornar-se um álibi crônico ou momentâneo para a isenção de responsabilidade, podemos dizer que a mistificação e a automistificação constituem o cerne da realidade social. Além disso, não se trata de uma qualidade acidental que pudesse ser erradicada por alguma reforma moral. A fraude, ou mistificação, inerente às estruturas sociais é um imperativo funcional. A sociedade só pode manter-se se pelo menos alguns de seus membros de vez em quando (digamos, a sociedade como até agora a conhecemos na história humana) concederem *status* ontológico às suas ficções (seu caráter "como se", para usarmos a expressão de Hans Vaihinger).

A sociedade proporciona ao indivíduo um gigantesco mecanismo através do qual ele pode ocultar a si mesmo sua própria liberdade. Entretanto, esse caráter da sociedade como imensa conspiração de "má-fé" representa, tal como no caso do indivíduo, apenas uma expressão da possibilidade de liberdade que existe em virtude da sociedade. Somos seres sociais e nossa existência está vinculada a localizações sociais específicas. As mesmas situações sociais que se podem tornar armadilhas para "má-fé" também podem ser ocasiões para liberdade. Todo papel social pode ser representado consciente ou cegamente. E na medida em que é representado conscientemente, pode tornar-se veículo de nossas próprias decisões. Toda instituição social pode ser um álibi, um instrumento de alienação de nossa liberdade. Pelo menos algumas instituições, porém, podem tornar-se escudos protetores para as ações de homens livres. Assim, a percepção da "má-fé" não nos conduz necessariamente a uma visão da sociedade como o domínio universal da ilusão, e sim aclara melhor o caráter paradoxal e infinitamente precário da existência social.

Outro conceito do existencialismo que nos será útil é aquilo que Martin Heidegger chamou *das Man*. A palavra alemã corresponde ao francês *on*, e Ortega y Gasset captou bem a intenção de Heidegger em espanhol – *lo que se hace*. Em outras palavras, *Man* refere-se a uma generalidade deliberadamente vaga de seres humanos. Não é *este* homem que não fará isso, nem *aquele*, nem eu, nem você – é, de alguma forma, todos os homens, mas de uma forma tão genérica que bem poderia não ser ninguém. É nesse sentido vago que é dito a uma criança "não se mete o dedo no nariz em público". A criança concreta, que sente uma coceira concreta no nariz, é classificada numa generalidade anônima sem rosto, mas que afeta a conduta da criança. Na verdade (e isto nos devia ser objeto de longa meditação), o *Man* de Heidegger apresenta uma soturna semelhança com o "outro generalizado" de Mead.

No sistema de pensamento de Heidegger, o conceito de *Man* está relacionado à sua discussão de autenticidade e inautenticidade. Existir autenticamente consiste em viver em plena consciência da natureza singular, insubstituível e incomparável da personalidade. Por outro lado, existir inautenticamente consiste em perder-se na anonimidade do *Man*, fazendo com que a singularidade da personalidade capitule diante das abstrações constituídas socialmente. Isto é especialmente importante no modo como se enfrenta a morte. A verdade é que é sempre um indivíduo único, solitário, que morre. Mas a sociedade consola os parentes do morto e os próprios moribundos pela classificação de cada morte em categorias gerais que parece minorar seu horror. Um homem morre e dizemos: – Bem, todos nós temos de partir um dia. – Este "todos nós" representa uma versão exata do *Man* – trata-se de todo mundo, e, por isso, de ninguém, e ao nos colocarmos sob sua generalidade ocultamos a nós mesmos o fato inevitável de que também nós morreremos, solitariamente. O próprio Heidegger referiu-se ao conto de Tolstoi, "A morte de Ivan Ilytch", como a melhor expressão literária da inautenticidade em relação à morte. Como ilustração de autenticidade até o grau de tormento, proporíamos o inesquecível poema de Federico Garcia Lorca sobre a morte de um toureiro, "Llanto por Ignácio Sánchez Mejias".

O conceito heideggeriano do *Man* é relevante para nossa concepção da sociedade, menos por seu aspecto normativo que pelo aspecto cognitivo. Sob o aspecto de "má-fé", vimos a sociedade como um mecanismo para fornecer álibis que eximam uma pessoa de alcançar a liberdade. Sob o aspecto do *Man*, vimos a sociedade como uma defesa contra o terror. A sociedade nos oferece estruturas consideradas óbvias (poderíamos também falar aqui do "mundo aprovado") dentro das quais, enquanto seguirmos as regras, estamos protegidos dos terrores de nossa condição. O "mundo aprovado" proporciona rotinas e rituais através dos quais esses terrores são organizados de tal maneira que possamos enfrentá-los com uma certa calma.

Todos os ritos de passagem ilustram essa função. O milagre do nascimento, o mistério do desejo, o horror da morte – todas essas coisas são cuidadosamente camufladas à medida que somos levados a transpor umbral por umbral, aparentemente numa sequência natural e evidente por si mesma; todos nós nascemos, sentimos desejo e morremos, e assim cada um de nós pode ser protegido contra a maravilha inimaginável desses acontecimentos. O *Man* nos possibilita viver inautenticamente, fechando as questões metafísicas colocadas por nossa existência. Estamos cercados de trevas por todos os lados enquanto nos precipitamos pelo curto período de vida em direção à morte inevitável. A terrível pergunta "Por quê?", que quase todo homem faz num momento ou outro ao tomar consciência de sua condição, é rapidamente sufocada pelas respostas convencionais da sociedade. A sociedade nos oferece sistemas religiosos e rituais sociais, que nos livram de tal exame de consciência. O "mundo aceito sem discussão", o mundo social que nos diz que tudo está bem, constitui a localização de nossa inautenticidade.

Suponhamos um homem que desperte de noite, de um desses pesadelos em que se perde todo senso de identidade e localização. Mesmo no momento de despertar, a realidade do próprio ser e do próprio mundo parece uma fantasmagoria onírica que poderia desaparecer ou metamorfosear-se a um piscar de olho. A pessoa jaz na cama numa espécie de paralisia metafísica, tendo consciência de si, mas um passo além daquele aniquilamento que avultara sobre ela no pesadelo recém-findo. Durante alguns momentos de consciência dolorosamente clara, pode quase sentir o cheiro da lenta aproximação da morte e, com ela, do nada. E então estende a mão para pegar um cigarro e, como se diz, "volta-se à realidade". A pessoa se lembra de seu nome, endereço e ocupação, bem como dos planos para o dia seguinte. Caminha pela casa, cheia de provas do passado e da presente identidade. Escuta os ruídos da cidade. Talvez desperte a mulher e as crianças, reconfortando-se com seus irritados protestos. Logo acha graça da tolice, vai à geladeira ou ao barzinho da sala, e volta a dormir resolvido a sonhar com a próxima promoção.

Até aí, muito bem. Entretanto, em que consiste exatamente a "realidade" a que o homem acabou de voltar? É a "realidade" do seu mundo socialmente construído, aquele "mundo aprovado" em que as perguntas metafísicas são sempre risíveis, a menos que tenham sido capturadas e castradas em ritualismo religioso aceito sem discussão. A verdade é que esta "realidade" é, com efeito, muito precária. Nomes, endereços, ocupações e mulheres desaparecem. Todos os planos terminam em extinção. Todas as casas por fim se esvaziam. E mesmo que vivermos todas nossas vidas sem termos de enfrentar a torturante contingência de tudo quando somos e fazemos, por fim temos de voltar àquele momento de pesadelo em que nos sentimos despojados de todos os nomes e todas as identidades. Ademais, sabemos disso – o que conduz à inautenticidade de correr em busca de abrigo. A sociedade nos oferece nomes para nos proteger do nada. Constrói um mundo para vivermos e assim nos protege do caos em que estamos ilhados. Oferece-nos uma linguagem e significados que tornam esse mundo verossímil. E proporciona um coro firme de vozes que confirmam nossa crença e calam nossas dúvidas latentes.

Podemos repetir neste contexto ligeiramente alterado o que dissemos antes sobre a "má-fé". É correto afirmar que a sociedade, em seu aspecto de *Man*, constitui uma conspiração visando à existência inautêntica. As paredes da sociedade são uma aldeia Potemkin levantada diante do abismo do ser; têm a função de proteger-nos do terror, de organizar para nós um cosmo de significado dentro do qual nossa vida tenha sentido. No entanto, também é verdade que a existência autêntica só pode ocorrer dentro da sociedade. Todos os significados são transmitidos em processos sociais. Não se pode ser humano, autêntica ou inautenticamente, salvo em sociedade. E os próprios caminhos que levam a uma curiosa contemplação do ser, quer sejam religiosas, filosóficas ou estéticas, têm localizações sociais. Da mesma forma que a sociedade pode representar uma fuga da liberdade ou uma oportunidade para ela, a sociedade pode sepultar nossa procura metafísica ou proporcionar fórmulas para essa pesquisa. Mais uma vez nos deparamos com o paradoxo de nossa existência social. Seja como for, restará pouca dúvida de que para um número maior de pessoas a sociedade funciona mais como álibi e como aldeia Potemkin do que como caminho de libertação. Ao afirmarmos ser possível a autenticidade na sociedade, não estamos afirmando que a maioria dos homens esteja fazendo uso dessa possibilidade. Onde quer que nós próprios nos localizemos socialmente, um olhar em torno de nós mostrará o contrário.

Com estas observações chegamos mais uma vez à beira de considerações éticas, que desejamos adiar para outro momento. Gostaríamos, entretanto, de sublinhar neste ponto que o "êxtase", da forma como o definimos, tem relevância metafísica, tanto quanto sociológica. Só nos afastando das rotinas corriqueiras da sociedade é que nos é possível confrontar a condição humana sem mistificações consoladoras. Isto não significa que somente o marginal ou o rebelde possam ser autênticos; significa que liberdade pressupõe uma certa liberação de consciência. Quaisquer que sejam nossas possibilidades de liberdade, elas não se poderão concretizar se continuarmos a pressupor que o "mundo aprovado" da sociedade seja o único que existe. A sociedade nos oferece cavernas quentes, razoavelmente confortáveis, onde podemos nos aconchegar a outros homens, batendo os tambores que encobrem os uivos das hienas na escuridão. "Êxtase" é o ato de sair da caverna, sozinho, e contemplar a noite.

7.

Excurso: Maquiavelismo sociológico e ética
(Ou: Como adquirir escrúpulos e continuar a trapacear)

O autor já analisou em outra obra certas implicações éticas do pensamento sociológico. Isto foi feito com referência específica a uma concepção cristã do homem. Entre os objetivos deste livro, entretanto, não está o de expor ao leitor as posições religiosas do autor. Um convite à subversão profana talvez baste para um único volume, não sendo necessário acrescentar-lhe ataques às preocupações sagradas. Além disso, a discussão de questões éticas só poderá ser muito breve dentro do contexto deste livro. Contudo, levantamos problemas éticos com uma certa urgência em vários pontos de nossa argumentação, sobretudo no último capítulo, e o leitor tem o direito de pedir pelo menos uma indicação de como essas indagações podem ser respondidas.

Já se disse o suficiente nas páginas precedentes para justificar a conclusão de que a perspectiva sociológica não é conducente a uma atitude de esperança e otimismo, mas que antes levará a um maior ou menor grau de desencanto com as interpretações da realidade social oferecidas nas igrejas e nas aulas de civismo. Isto é verdade, quer adotemos a concepção teatral da sociedade já discutida, quer nos detenhamos nos modelos mais sinistros e deterministas a que chegamos anteriormente. Encarar a sociedade como um circo é mais grave do ponto de vista das ideologias oficiais que encará-la como uma penitenciária. As possibilidades maquiavélicas desse desencanto sociológico são óbvias. Ainda que o sonho positivista segundo o qual conhecimento sempre leva ao poder seja um tanto utópico, nem por isso deixa de ser verdade que a lucidez conduza à aquisição de controle. Isto é verdadeiro sobretudo com relação à lucidez no tocante a assuntos sociais, como Maquiavel sabia e ensinava.

Só quem conhece as regras do jogo está em condições de trapacear. O segredo da vitória é a insinceridade. O homem que representa todos seus papéis com sinceridade, no sentido de resposta irrefletida a uma expectativa não analisada, é incapaz de "êxtase" – e, pelo mesmo motivo, inteiramente seguro do ponto de vista daqueles interessados em proteger as regras. Tentamos demonstrar como a sociologia pode servir de prelúdio ao "êxtase" e, por implicação, como um caminho para derrotar o sistema. Que ninguém se apresse a concluir que tal ambição seja sempre repreensível eticamente. Isto depende, afinal, da maneira como se avalia o *status* ético do sistema em questão. Ninguém objetará que as vítimas de uma tirania tentem alguns golpes baixos contra o tirano. Seja como for, há uma possibilidade eticamente sinistra em se suspeita popular em relação às ciências sociais baseia-se num pressentimento correto, embora inarticulado, dessa possibilidade. Nesse sentido, todo sociólogo é um sabotador ou vigarista em potencial, bem como colaborador putativo da opressão.

Como observamos no início de nossa argumentação, o cientista social compartilha esse impasse ético com seus colegas das ciências naturais, como nos últimos anos a utilização política da física nuclear demonstrou amplamente. A ideia de cientistas controlados politicamente trabalhando com afinco de ambos os lados da Cortina de Ferro não é nada agradável. Enquanto os físicos se ocupam em preparar a aniquilação do mundo, os cientistas sociais podem ser incumbidos da missão secundária de obter o consentimento do mundo. Entretanto, quase todos concordarão que não podemos encerrar essas considerações lançando um anátema ético sobre a física. O problema não está no caráter da ciência, e sim no caráter do cientista. O mesmo se pode dizer em relação ao sociólogo e a quaisquer poderes de que ele possa dispor, por mais desprezíveis que pareçam em comparação ao arsenal demoníaco das ciências naturais.

O maquiavelismo, político ou sociológico, é uma maneira de encarar as coisas, e em si mesmo é eticamente neutro. Torna-se carregado de energia ética negativa quando aplicado por homens sem escrúpulos ou solidariedade. Em sua história do maquiavelismo político, Friedrich Meinecke demonstrou convincentemente que a *raison d'état*, no sentido que lhe deu o grande pesquisador italiano do corpo político, pode ser combinada com a mais séria preocupação ética. O maquiavelismo sociológico não é diferente. A vida de Max Weber, por exemplo, constitui lição prática de como a implacável imaginação sociológica pode ser combinada com uma escrupulosa busca de concretização de ideais éticos. Isto não altera a sinistra possibilidade de os instrumentos da percepção maquiavélica estarem em mãos de homens com propósitos inumanos ou sem nenhum outro propósito senão o de servir aos poderes vigentes. A possibilidade de aplicação do conhecimento sociológico a serviço da propaganda política e do planejamento militar nos Estados Unidos é arrepiante. Torna-se um pesadelo no caso de uma sociedade totalitária. Tampouco é muito edificante, eticamente, o espetáculo de algumas das utilizações da sociologia na gerência industrial, em relações públicas e na publicidade. O fato de existirem muitos sociólogos que julguem que nada disso suscite questões éticas constitui prova suficiente de que a perspectiva sociológica não conduz por si mesma a um grau mais elevado de sensibilidade ética. Além disso, o pesquisador inteiramente cínico às vezes é mais correto em suas descobertas que um colega sobrecarregado de escrúpulos e possuidor de estômago moralmente fraco, apenas porque este poderá recuar diante de certas coisas que talvez encontre no decurso de sua pesquisa. Não podemos sequer nos consolar com a ideia de que são os melhores cientistas sociais (isto é, melhores em competência científica) que têm as maiores preocupações éticas.

É interessante notar, incidentalmente, como a própria compreensão sociológica pode-se tornar veículo de "má-fé". Isto acontece quando essa compreensão torna-se um álibi para a responsabilidade. Já aludimos a essa possibilidade no capítulo 1, ao analisarmos a imagem do sociólogo como um espectador impassível e impessoal. Por exemplo, um sociólogo localizado no sul dos Estados Unidos pode começar a carreira com fortes valores pessoais que repudiem o sistema social sulista e pode tentar expressar esses valores através de alguma forma de ação social ou política. Daí a algum tempo, contudo, ele se torna um especialista, enquanto sociólogo, em assuntos raciais. Acredita agora que realmente conheça o sistema. Nesse ponto, como se pode observar em alguns casos, adota uma atitude diferente em relação aos problemas morais – a do comentador friamente científico. O sociólogo agora considera que seu ato de conhecimento constitua a soma total de seu relacionamento com o fenômeno e que o exima de qualquer ato que o envolva pessoalmente. Em tais casos, a relação entre a objetividade científica e a subjetividade do ser humano moralmente envolvido pode ser percebida na analogia usada por Søren Kierkegaard para descrever o pensamento hegeliano – uma pessoa constrói um palácio magnífico, de maravilhosa aparência, mas vai viver numa choupana ao lado. É importante frisar aqui que não há nada eticamente repreensível no papel da neutralidade científica em si, e que é muito provável que em certas situações até o sociólogo mais *engagé* julgue que é nesse papel que ele possa prestar sua melhor contribuição. O problema ético surge quando esse papel é instituído *em lugar de* comprometimentos pessoais na existência total do sociólogo. Neste caso, tem-se o direito de falar em "má-fé", no sentido sartreano do termo.

Estamos dispostos a admitir diante dos detratores da sociologia que haja motivos aqui para genuína preocupação ética. Não obstante, julgamos que haja possibilidades éticas relevantes fundadas diretamente na compreensão sociológica. Que fique logo bem claro que não podemos aceitar ou reviver a velha esperança de Comte, que ainda persiste na tradição durkheimiana da sociologia francesa, de que a ciência sociológica seja capaz de produzir uma moralidade objetiva (aquilo que os franceses chamariam de *science des moeurs*) e sobre a qual pudesse ser redigida uma espécie de catecismo secularista. Tais esperanças, algumas das quais contaram com considerável ressonância nos Estados Unidos, estão fadadas ao malogro, porque não levam em conta a disparidade fundamental dos julgamentos científicos e éticos. Os métodos científicos são tão incapazes de descobrir como deve ser a vida correta como são incapazes de chegar à liberdade como fenômeno empírico. Esperar tais façanhas da ciência significa não entender seu gênio peculiar. A decepção que se seguirá torna mais difícil perceber onde podem ser encontradas as verdadeiras contribuições humanas desse gênio.

Afirmamos, ao invés disso, que a sociologia é capaz de ajudar o indivíduo no sentido de uma certa humanização de sua visão da realidade social. Isto é dito com muitas reservas, uma vez que já admitimos que o processo não é compulsório. Contudo, no caso de se aceitar os argumentos relativos à perspectiva sociológica contidos nos capítulos anteriores, essa humanização torna-se pelo menos uma plausibilidade intelectual. A compreensão sociológica chega repetidamente ao paradoxo da complexidade e da precariedade da sociedade. Repetindo, a sociedade define o homem e é por sua vez definida por ele. Esse paradoxo afeta essencialmente a condição humana. Seria muito surpreendente, na verdade, que essa perspectiva não tivesse absolutamente nenhuma relevância ética, uma suposição que só seria possível se a ética fosse considerada como campo de todo divorciado do mundo empírico em que o homem vive.

Aquilo que chamamos aqui de humanização pode ser ilustrado por três exemplos que, na verdade, têm um certo significado paradigmático – as questões de raça, homossexualismo e pena capital. Em cada uma dessas questões pode-se ver como a compreensão sociológica pode prestar uma contribuição num nível superficial de seu aclaramento objetivo. Com efeito, os sociólogos têm prestado uma importante contribuição a esse nível para cada uma dessas questões. Têm contribuído bastante para desmistificar as mitologias associadas à raça, para apontar as funções exploradoras dessas crenças mitológicas, ao mostrar mais claramente como o sistema racial funciona na sociedade americana e oferecendo algumas sugestões para uma alteração efetiva do sistema. No caso do homossexualismo, os sociólogos têm-se inclinado a deixar a interpretação do fenômeno propriamente dito aos psicólogos e psiquiatras, mas têm coletado dados que demonstram a distribuição do fenômeno e sua organização social, desmistificando assim a definição moralista do homossexualismo como o vício de um minúsculo punhado de degenerados e apondo sérios pontos de interrogação diante das estipulações legais relativas ao fenômeno. No caso da pena capital, os sociólogos conseguiram demonstrar categoricamente que a pena de morte não age como dissuassor para crimes e que sua abolição não leva às assustadoras consequências previstas por seus propagandistas.

É indubitável que essas contribuições foram de enorme importância para uma abordagem inteligente de uma política pública com relação a esses assuntos. Bastariam para justificar a alegação dos sociólogos de que suas atividades têm valor moral. Contudo, julgamos que, em cada um desses três casos, a sociologia pode prestar uma contribuição mais profunda, estreitamente ligada àquilo a que chamamos de humanização e alicerçada diretamente na compreensão do paradoxo da realidade social que já analisamos.

A sociologia mostra que o homem é aquilo que a sociedade o fez ser, e que esse mesmo homem tenta, debilmente, hesitantemente, às vezes apaixonadamente, ser outra coisa, alguma coisa que ele mesmo tenha escolhido ser. A sociologia aponta a infinita precariedade de todas as identidades atribuídas socialmente. Usando outras palavras, o sociólogo estaria por demais consciente da maquinaria do palco para se deixar arrebatar pela cena representada. Conheceria as acrobacias que os atores praticaram para vestir os trajes para qualquer papel determinado, e por isso ele teria enorme dificuldade em conceder *status* ontológico à pantomima. Por conseguinte, o sociólogo terá dificuldades com qualquer conjunto de categorias que oferecem designações para pessoas – "negros", "brancos", "caucasianos" ou "judeus", "gentios", "americanos", "ocidentais". De uma forma ou de outra, com maior ou menor grau de malevolência, todas essas designações tornam-se exercícios de "má-fé" assim que se carregam de implicações ontológicas. A sociologia nos leva a entender que um "negro" é uma pessoa assim designada pela sociedade, que essa designação libera pressões que tenderão a transformá-lo na imagem designada, mas também que essas pressões são arbitrárias, incompletas e, principalmente, reversíveis.

Lidar com um ser humano exclusivamente enquanto "negro" é um ato de "má-fé", não importa que a pessoa que utilize a imagem seja um racista ou um liberal em matéria de raça. Na verdade, vale notar que os liberais muitas vezes se enredam tanto nas ficções dos repertórios aceitos socialmente como óbvios quanto seus adversários políticos. A diferença é que atribuem valores opostos a essas ficções. Aliás, os receptores das atribuições de identidades negativas são muito propensos a aceitar as categorias inventadas por seus opressores, com a mera substituição do sinal *menos*, originalmente ligado à identidade em questão, por sinal *mais*. As reações de judeus ao antissemitismo proporcionam ilustrações clássicas desse processo, com as contradefinições judaicas de sua própria identidade simplesmente invertendo os sinais opostos às categorias antissemitas, sem desafiarem fundamentalmente as categorias em si. Voltando ao exemplo negro, aqui o processo assume o caráter de impor ao negro um "orgulho da raça" em lugar da vergonha anterior, construindo assim uma contraformação de racismo negro que não passa de sombra de seu protótipo branco. A compreensão sociológica, por outro lado, deixará claro que o próprio conceito de "raça" não é nada senão uma ficção e talvez ajude a esclarecer que o problema real consiste em como ser um homem. Não queremos com isto negar que contraformações como as mencionadas não possam ser úteis na organização de resistência à opressão e que não possam ter uma certa validade política, tal como outros mitos. Seja como for, estão fundadas em "má-fé", cujo poder corrosivo por fim cobra seu tributo, quando aqueles que adquiriram dolorosamente orgulho de raça" descobrem que adquiriram na verdade algo de muito vazio.

A sociologia conduz, portanto, a uma posição existencial difícil de conciliar com o preconceito racial. Isto não significa, infelizmente, que a primeira exclua o segundo. Entretanto, o sociólogo que conserva tal preconceito o faz em virtude de uma dose dupla de "má-fé" – a "má-fé" que constitui parte e parcela de qualquer posição racista e sua própria "má-fé" especial, mediante a qual ela separa sua compreensão sociológica do resto de sua existência em sociedade. O sociólogo que não separa assim seu intelecto de sua vida, compreendendo a maneira precária como as categorias sociais são forjadas, lutará por posições morais e políticas que não estejam inapelavelmente fixadas num único conjunto de categorias aceito com suprema seriedade. Em outras palavras, ele aceitará todas as identidades atribuídas socialmente, inclusive a sua própria, *cum grano salis*.

A mesma lógica é válida no caso do homossexualismo. A atitude ocidental contemporânea com relação ao homossexualismo, sustentada pelos *mores* e pela lei, baseia-se no pressuposto de que os papéis sexuais são outorgados pela natureza, que um conjunto de padrões sexuais é normal, sadio e conveniente, e outro conjunto é anormal, enfermo e execrável. A compreensão sociológica terá de apor um ponto de interrogação também a esse pressuposto. Os papéis sexuais são construídos dentro da mesma precariedade geral que caracteriza toda a trama social. As comparações entre condutas sexuais em várias culturas nos demonstra concludentemente a flexibilidade quase infinita de que os homens são capazes ao organizar suas vidas nessas áreas. Aquilo que é normalidade e maturidade em uma cultura é patologia e regressão em outra. É claro que essa relativização na compreensão dos papéis sexuais não exime o indivíduo de encontrar seu próprio caminho moralmente. De outra forma teríamos outro caso de "má-fé", com o fato objetivo da relatividade sendo tomado como álibi para a necessidade subjetiva de encontrar aqueles pontos decisivos em que se empenha todo o ser. Por exemplo, é possível a uma pessoa estar plenamente consciente da relatividade e da precariedade das maneiras como os homens organizam sua sexualidade, e ainda assim se comprometer rigidamente com o próprio casamento. Tal comprometimento, entretanto, não exige quaisquer sustentáculos ontológicos. Ele ousa escolher e agir, recusando lançar o fardo da decisão sobre a natureza ou a necessidade.

A perseguição aos homossexuais preenche a mesma função de "má-fé" como o preconceito ou a discriminação racial. Em ambos os casos, a imagem vacilante da própria pessoa é garantida pela contraimagem do grupo desprezado. Como Sartre demonstrou em sua descrição do antissemita, uma pessoa se legitimiza através do ódio à figura que instituiu como o oposto de si própria. O branco despreza o negro e nesse próprio ato confirma sua própria identidade como pessoa com direito a demonstrar desprezo. Da mesma forma, um homem passa a acreditar em sua própria virilidade dúbia ao cuspir sobre o homossexual. Se a psicologia contemporânea demonstrou alguma coisa foi o caráter sintético da virilidade do *homme sexuel moyen*, o mesmo Babbitt erótico que gosta de representar o papel de Torquemada na perseguição à heresia sexual. Não é preciso que se possua profundos conhecimentos de psicologia para perceber o pânico frio que se oculta por trás do rude comportamento macho de tais tipos. A "má-fé" no ato de perseguição tem as mesmas raízes da "má-fé" em toda parte – a evasão à própria liberdade, inclusive àquela terrificante liberdade (terrificante pelo menos para o perseguidor) de desejar um homem e não uma mulher. Também neste caso seríamos ingênuos se julgássemos que os sociólogos não sejam capazes de tal inautenticidade. Contudo, afirmamos mais uma vez que a perspectiva sociológica aplicada a esses fenômenos ao mesmo tempo os relativizará e os humanizará. Induzirá a ceticismo quanto ao mecanismo conceitual com que a sociedade destina alguns seres humanos às trevas e outras à luz (inclusive aquela modificação moderna de tal mecanismo que identifica as trevas com "patologia"). A perspectiva sociológica conduzirá à percepção de que todos os homens lutam contra imensos obstáculos para definir para si próprios uma identidade constantemente ameaçada (e por isso tanto mais preciosa) dentro do breve período de vida de que dispõem.

A pena capital pode servir de paradigma para a combinação de "má-fé" e desumanidade, pois cada passo desse monstruoso processo, como ainda é praticado nos Estados Unidos, constitui um ato de "má-fé", no qual papéis construídos socialmente são tomados como álibis para a covardia e a crueldade pessoais. O promotor afirma reprimir sua compaixão para levar a cabo seu grave dever, bem como o júri e o juiz. Dentro do drama de um tribunal em que se julga um processo passível de pena capital, cada um daqueles que preparam a eventual execução do réu está empenhado num ato de fraude – finge não estar agindo como indivíduo, e sim dentro da função que lhe foi atribuída no edifício das ficções legais. A mesma simulação é levada até o ato final do drama, a execução propriamente dita, na qual aqueles que ordenam a morte, os que a assistem e os que a executam fisicamente são protegidos de responsabilidade pessoal pela ficção de que não são realmente *eles* que estão empenhados nesses atos, e sim seres anônimos que representam "a lei", "o Estado" ou "a vontade do povo". Tão fortes são essas ficções que as pessoas até se apiedam dos pobres carcereiros ou funcionários que "têm" de cumprir tais deveres cruéis. A desculpa desses homens, de que "não têm alternativa" é a mentira fundamental sobre a qual repousa toda a "má-fé". Só difere quantitativamente da mesma desculpa apresentada pelos assassinos oficiais do sistema nazista de horrores. O juiz que alega necessidade de condenar um homem à morte é um mentiroso, bem como o carrasco que faz a mesma alegação ao executar o condenado e o governador que se recusa a sustar a execução. A verdade é que um juiz pode exonerar-se, um carrasco pode recusar-se a cumprir uma ordem e que um governador pode adotar uma atitude humana até mesmo contra a lei. O caráter de pesadelo da "má-fé" no caso da pena capital não está tanto no grau de fraude (que pode ser igualada em outros casos) como na função desempenhada por essa fraude – a morte de um ser humano com bestialidade precisa e de maneira tal que ninguém tenha de se sentir responsável.

A convicção de muitas pessoas em nossa época de que a pena capital constitui uma desumanidade monstruosa além dos limites do moralmente tolerável numa comunidade civilizada origina-se de uma concepção da condição humana que certamente não se pode equacionar com a perspectiva sociológica. Ela repousa num reconhecimento básico daquilo que é humano e daquilo que é "contra-humano", para usarmos um termo empregado por Martin Buder na eloquente declaração na qual ele deplorou a execução de Adolf Eichmann. Trata-se da mesma decisão de ser humano que, sob certas circunstâncias e com suprema relutância, permitiria a uma pessoa matar, mas que jamais lhe permitiria torturar. Trata-se, em suma, do reconhecimento da pena capital como tortura. Não cabe aqui a maneira como tal compreensão da condição humana pode surgir. Ela não pode decerto ser atribuída à sociologia. Contudo, reivindicamos para esta uma tarefa mais modesta, mas ainda meritória. A compreensão sociológica não pode ser, por si só, uma escola de compaixão, mas pode lançar luz sobre as mistificações que comumente encobrem a impiedade. O sociólogo compreenderá que todas as estruturas sociais são convenções, eivadas de ficções e fraudes. Reconhecerá que algumas dessas convenções são úteis e sentirá pouca inclinação para modificá-las. Mas deverá ter algo a dizer quando as convenções se tornam instrumentos de assassinato.

Talvez já tenhamos dito o suficiente para indicar a possibilidade de que, se existe algo como uma antropologia sociológica, pode existir também um humanismo sociológico. É claro que por si só a sociologia não pode levar ao humanismo, tanto quanto não pode por si só produzir uma adequada antropologia (nosso próprio método no capítulo anterior deverá ter deixado isto claro). Entretanto, a compreensão sociológica pode ser parte importante de um certo senso da vida que é peculiarmente moderno, que possui seu próprio espírito de compaixão e que pode ser o fundamento de um genuíno humanismo. Esse humanismo para o qual a sociologia pode contribuir é um humanismo que não arvora bandeiras com facilidade, que suspeita de excessivo entusiasmo e excessiva certeza. É um tanto inseguro, incerto, hesitante, consciente de sua própria precariedade, reservado em suas afirmativas morais. Mas isto não significa que não possa participar apaixonadamente nos pontos em que suas ideias fundamentais sobre a existência humana forem afetadas. As três questões levantadas acima talvez sirvam bem como indicadores preliminares para a localização desses pontos. Diante dos tribunais que condenam alguns homens à indignidade devido à sua raça ou conduta sexual, ou que condenam qualquer homem à morte, esse humanismo torna-se protesto, resistência e rebelião. Existem, é claro, outros pontos em que a compaixão pode tornar-se o ponto de partida de revolução contra sistemas de desumanidade sustentadas pelo mito. Contudo, na maioria das outras questões, nas quais a dignidade humana está envolvida menos crucialmente, é provável que o humanismo sociológico que estamos sugerindo adote uma atitude mais irônica. E com relação a isto talvez convenha aqui alguns comentários finais.

A compreensão sociológica leva a um grau considerável de desencanto. Um homem desencantado constitui um mau investimento, tanto para movimentos conservadores como revolucionários; para os primeiros, porque esse homem não possui a necessária dose de credulidade nas ideologias do *status quo*, e para os segundos porque ele se mostrará cético em relação aos mitos utópicos que invariavelmente constituem o pão espiritual dos revolucionários. Contudo, não é preciso que tal inutilidade para os quadros de atuais ou futuros regimes deixe o homem desencantado numa atitude de alienado cinismo. A rigor, poderá levar a isto. E é justamente essas atitudes que encontramos entre alguns jovens sociólogos deste país, que se veem levados a diagnósticos radicais da sociedade, sem encontrar em si próprios a capacidade para participação política radical. Isto os deixa sem ter para onde ir, exceto se unir a uma espécie de culto masoquista de desmistificadores que passam a garantir uns aos outros que as coisas não poderiam ser piores. Julgamos que essa atitude cínica seja em si mesma ingênua e muitas vezes fundada mais em falta de perspectiva histórica que em qualquer outra coisa. O cinismo em relação à sociedade não é a única opção, além de uma crédula conformidade a esta era social ou de uma crédula esperança em relação à vindoura.

Outra opção é aquela que em nosso entender é a mais plausível, a partir da compreensão sociológica, uma opção que combina compaixão, participação limitada e um senso do que existe de cômico no circo social do homem. Ela levará a uma atitude baseada numa concepção da sociedade como uma comédia, na qual os homens desfilam de um lado para outro com seus trajes aparatosos, mudam de chapéus e de títulos, golpeiam-se uns aos outros com os cacetes de que dispõem ou com aqueles em que puderem persuadir os outros atores a acreditarem. Essa perspectiva cômica não esquece o fato de que cacetes fictícios podem fazer correr sangue real, mas nem por isto será levada a confundir a aldeia Potemkin com a Cidade de

Deus. Quem encara a sociedade como uma comédia não hesitará em trapacear, sobretudo se com a trapaça puder aliviar uma dorzinha aqui e tornar a vida um pouco mais alegre ali. Recusar-se-á a levar a sério as regras do jogo, salvo na medida em que essas regras protegem seres humanos reais e promovem valores humanos reais. O maquiavelismo sociológico constitui, pois, o oposto do oportunismo cínico. É a maneira como a liberdade se pode concretizar em ação social.

8.
A sociologia como disciplina humanística

Desde seus primórdios, a sociologia considerou-se uma ciência. Logo no início deste livro, analisamos algumas consequências metodológicas dessa premissa. Nestes comentários finais, não estamos preocupados com metodologia, e sim com as implicações humanas da existência de uma disciplina acadêmica como a sociologia. Já tentamos descrever nos capítulos anteriores a maneira como a perspectiva sociológica ajuda a compreender a existência social do homem. No último excurso, analisaremos brevemente as possíveis implicações éticas de tal perspectiva. Concluiremos agora examinando mais uma vez a sociologia como uma disciplina entre muitas outras nesse setor particular do circo social a que chamamos saber.

Uma coisa importantíssima que muitos sociólogos podem aprender com seus colegas cientistas das ciências naturais é um certo senso lúdico com relação às suas disciplinas. De modo geral, os cientistas naturais adquiriram, com o tempo, um grau de familiaridade com seus métodos que lhes permite encará-los como relativos e de âmbito limitado. Os cientistas sociais ainda se inclinam a abordar sua disciplina com soturna seriedade, invocando termos como "empíricos", "dados", "validez" ou até mesmo "fatos" como um pai de santo invocaria seus guias mais poderosos. À medida que as ciências sociais passam de sua entusiástica puberdade para uma maturidade mais moderada, pode-se esperar um grau semelhante de distanciamento em relação ao próprio jogo; na verdade, já se pode notar essa atitude. Pode-se então entender a sociologia como apenas um jogo entre muitos, importante, mas de modo algum a última palavra a respeito da vida humana, e pode-se sentir não só tolerância, como até interesse pelas diversões epistemológicas de outras pessoas.

Tal abrandamento do conceito que a sociologia faz de si mesma tem em si mesmo um significado humano. Poder-se-ia até dizer que a simples presença, numa disciplina intelectual, de um irônico ceticismo com relação às suas próprias atividades constitui marca de seu caráter humanístico. Isto é tanto mais importante para as ciências sociais, que tratam dos fenômenos peculiarmente ridículos que constituem a "comédia humana" da sociedade. Na verdade, pode-se argumentar que o cientista social que não percebe essa dimensão cômica da realidade social há de perder algumas de suas características essenciais. Não podemos entender plenamente o mundo político se não o encararmos como um jogo sujo, ou o sistema de estratificação se não percebermos seu caráter de baile de máscaras. Não se pode alcançar uma percepção sociológica das instituições religiosas a menos que se lembre como uma criança põe uma máscara e assusta seus colegas pelo simples expediente de gritar "bu". Não entenderá nenhum aspecto do erótico quem não perceber que sua qualidade fundamental é a de uma ópera bufa (um ponto que se deve salientar para sérios sociólogos jovens que oferecem cursos de "corte, casamento e família" com uma austeridade que de modo algum se ajusta ao estudo de um campo do qual todos os aspectos pendem, por assim dizer, daquela parte da anatomia mais difícil de se levar a sério). E um sociólogo não poderá compreender a lei se não se recordar da jurisprudência de uma certa rainha em *Alice no país das maravilhas*. Com essas observações, evidentemente, não queremos menoscabar o estudo sério da sociedade, mas simplesmente sugerir que a tal estudo serão de grande utilidade aquelas verdades que só percebemos ao rir.

Seria da maior conveniência que a sociologia não se fixasse numa atitude de cientificismo circunspecto, cego e surdo às palhaçadas do espetáculo social. Se agir assim, a sociologia poderá vir a adquirir uma metodologia infalível, apenas para perder o mundo dos fenômenos que se dispusera a explorar – destino tão triste quanto o do mágico que finalmente descobriu a fórmula que libertará o poderoso gênio da garrafa, mas que se esqueceu o que lhe queria pedir. Entretanto, embora renuncie ao cientificismo, o sociólogo será capaz de descobrir valores humanos que são inerentes ao método científico, seja nas ciências sociais ou nas naturais. Tais valores são: humildade diante da imensa riqueza do mundo que se investiga; altruísmo na busca do entendimento; honestidade e precisão de método; respeito por conclusões a que se chegou honestamente; paciência e disposição de aceitar provas em contrário e de rever as teorias; e, ainda, comunhão com outros indivíduos que compartilham esses valores.

Os métodos científicos usados pelo sociólogo implicam em alguns valores específicos que são peculiares a essa disciplina. Um deles é a atenção meticulosa a assuntos que outros estudiosos poderiam considerar banais e indignos da honra de constituírem objetos de investigação científica – algo que quase se poderia chamar de enfoque democrático no interesse da abordagem sociológica. Tudo quanto os seres humanos são ou fazem, por mais trivial, pode tornar-se importante para a pesquisa sociológica. Outro desses valores peculiares é inerente à necessidade que o sociólogo sente de ouvir sem apresentar suas próprias opiniões. A arte de escutar, tranquila e atentamente, é algo que todo sociólogo deve aprender antes de se empenhar em estudos empíricos. Embora não se deva exagerar a importância daquilo que muitas vezes não passa de uma técnica de pesquisa, nessa conduta está presente, pelo menos potencialmente, um significado humano, sobretudo em nossa nervosa e gárrula época, em que quase ninguém encontra tempo para escutar com concentração. Finalmente, há um valor humano peculiar na responsabilidade que tem o sociólogo de avaliar suas conclusões, na medida em que for psicologicamente capaz, sem referência a seus próprios preconceitos, gostos ou desgostos, esperanças ou temores. Essa responsabilidade, é claro, também a têm outros cientistas. Entretanto, ela é especialmente pesada numa disciplina que toca tão de perto as paixões humanas. É evidente que essa meta nem sempre é alcançada, mas no simples esforço de alcançá-la há um significado moral que não deve ser desdenhado. Isto se torna particularmente atraente quando se compara a preocupação do sociólogo em ouvir o mundo, sem imediatamente replicar com suas próprias formulações sobre o que é bom e o que é mau, com os métodos das disciplinas normativas, como a teologia e a jurisprudência, nas quais se encontra a constante compulsão de comprimir a realidade dentro do estreito quadro dos juízos pessoais de valor. A sociologia parece, em comparação, candidata à sucessão apostólica da busca cartesiana de "percepção clara e precisa".

Além desses valores humanos inerentes à própria atividade científica da sociologia, a disciplina possui outros traços que a designam para a vizinhança imediata das humanidades, senão a situam plenamente entre elas. Nos capítulos anteriores tentamos enunciar esses traços, todos os quais poderiam ser sintetizados dizendo-se que a sociologia ocupa-se vitalmente daquilo que é, afinal de contas, o objeto principal das humanidades – a própria condição humana. Essa questão pode ser muitas vezes obscurecida pelos mecanismos da pesquisa científica e pelo vocabulário exangue criado pela sociologia em seu desejo de legitimar seu próprio *status* científico. Entretanto, os dados da sociologia são coletados tão perto da medula viva da existência humana que essa questão surge repetidamente, pelo menos para os sociólogos sensíveis ao significado humano do que estão fazendo. Tal sensibilidade, como tentamos demonstrar, não constitui apenas uma qualidade que um sociólogo possa possuir além de suas qualificações profissionais propriamente ditas (como bom ouvido musical ou paladar apurado), e sim algo que tem impacto direto sobre a própria percepção sociológica.

Tal concepção do lugar da sociologia entre as humanidades implica em larqueza de espírito e universalidade de visão. Deve-se admitir desde logo que tal atitude pode ser atingida ao custo de uma lógica rigorosamente fechada na tarefa da sistematização sociológica. Nossa própria argumentação pode servir de embaraçoso exemplo dessa fraqueza. O raciocínio seguido nos capítulos 4 e 5 deste livro poderia ser fixado logicamente num sistema sociológico teórico (ou seja, um sistema que interprete a totalidade da realidade humana exclusivamente em termos sociológicos, não admitindo quaisquer outros fatores causais dentro de seu domínio e não deixando margem a quaisquer brechas em sua construção causal). Tal sistema é preciso, até mesmo agradável esteticamente. Sua lógica é unidimensional e fechada em si mesma. O fato de essa espécie de edifício intelectual ser convidativo a muitos espíritos ordeiros é demonstrado pela atração exercida pelo positivismo, em todas suas formas, desde seu surgimento. A atração exercida pelo marxismo e pelo freudianismo tem raízes muito semelhantes. Levar a efeito uma argumentação sociológica e depois desviar de sua conclusão aparentemente forçosa deve parecer inconsequência, e o leitor deve ter tido essa impressão quando começamos a retroceder no capítulo 6. Pode-se desde logo admitir tudo isso – acrescentando-se, porém, que a inconsequência se deve não à perversão do raciocínio do observador, e sim ao paradoxal multilateralismo da própria vida, aquela mesma vida que ele está empenhado em observar. Tal franqueza em relação à imensa riqueza da vida humana torna impossível manter a gravidade circunspecta do sociologismo e força o sociólogo a permitir "furos" nas paredes fechadas de seu esquema teórico, aberturas através das quais possam ser entrevistos outros possíveis horizontes.

Uma atitude aberta em relação ao escopo humanístico da sociologia implica ainda numa contínua comunicação com outras disciplinas que se ocupam vitalmente com a investigação da condição humana. As mais importantes dessas disciplinas são a história e a filosofia. A inanidade de certos trabalhos sociológicos, sobretudo nos Estados Unidos, poderia ser evitada facilmente com um diminuto conhecimento dessas duas áreas. Embora a maioria dos sociólogos, talvez por temperamento ou por especialização profissional, se ocupem sobretudo de fatos contemporâneos, o menosprezo da dimensão histórica constitui uma ofensa não só contra o clássico ideal ocidental do homem civilizado, como também contra o próprio raciocínio sociológico – ou seja, aquela parte desse raciocínio que trata do fenômeno central da predefinição. Uma compreensão humanística da sociologia leva a uma relação quase simbólica com a história, senão a uma autoconcepção da sociologia como uma disciplina histórica (uma ideia ainda estranha à maioria dos sociólogos americanos, mas muito comum na Europa). Quanto ao conhecimento filosófico, ele não só evitaria a ingenuidade metodológica de alguns sociólogos, como também conduziria a uma percepção mais correta dos próprios fenômenos que o sociólogo deseja investigar. O que estamos dizendo não pretende constituir menosprezo às técnicas estatísticas e outros equipamentos que a sociologia foi buscar em fontes definitivamente não humanísticas. No entanto, a utilização dessas técnicas e equipamentos será mais útil e também (se assim nós podemos expressar) mais civilizada se ocorrer contra um fundo de conscientização humanística.

A ideia de humanismo tem estado intimamente ligada com a de libertação intelectual desde a Renascença. Já se disse o bastante nas páginas anteriores para substanciar a afirmação de que a sociologia tem o direito de se incorporar a essa tradição. Para concluir, entretanto, podemos perguntar de que maneira a atividade sociológica neste país (e ela própria já constitui uma instituição social e uma subcultura profissional) pode-se prestar a essa missão humanística.

A indagação não é nova e já foi colocada incisivamente por sociólogos como Florian Znaniecki, Robert Lynd, Edward Shils e outros. Mas ela é por demais importante para ser omitida antes de terminarmos.

Um alquimista encarcerado por um príncipe predatório que necessita de ouro, e bem depressa, terá pouca oportunidade para interessar seu empregador no elevado simbolismo da Pedra Filosofal. Os sociólogos empregados por muitos órgãos do governo e ramos da indústria ver-se-ão muitas vezes na mesma situação. Não é fácil introduzir uma dimensão humanística em pesquisas destinadas a determinar o número adequado de tripulantes de um bombardeiro ou descobrir os fatores que induzirão donas de casa sonâmbulas a se dirigirem a um supermercado e comprar uma marca de fermento em pó e não outra, ou ainda aconselhar os gerentes de pessoal quanto aos melhores meios de solapar a influência dos sindicatos numa fábrica. Ainda que os sociólogos empregados nessas proveitosas atividades consigam se convencer que nada existe de eticamente equívoco em tais aplicações de sua disciplina, vir a encará-las como tarefas humanitárias exigiria um verdadeiro *tour de force* ideológico. Por outro lado, não se rejeita sumariamente a possibilidade de que uma certa ênfase humanitária possa, não obstante, resultar da aplicação das ciências sociais a operações governamentais ou industriais. Por exemplo, o trabalho de sociólogos em vários programas de saúde pública, planejamento do bem-estar, urbanização ou em órgãos públicos empenhados na erradicação da discriminação racial deve levar-nos a abster de concluir com excessiva rapidez que o emprego público signifique forçosamente para o sociólogo um cativeiro cruel ao pragmatismo político. Até mesmo no caso da indústria, pode-se argumentar que os princípios mais esclarecidos e progressistas de administração (sobretudo na área da administração de pessoal) hajam tirado grande proveito de contribuições sociológicas.

Se o sociólogo pode ser visto como uma figura maquiavélica, nesse caso seus talentos podem ser utilizados tanto em atividades nefastas como meritórias, do ponto de vista humano. Se nos for permitida aqui uma metáfora um tanto pitoresca, pode-se encarar o sociólogo como um *condottiere* da percepção social. Alguns *condottiere* lutam ao lado dos opressores dos homens, e outros aliam-se a seus libertadores. Principalmente se uma pessoa lança a vista além das fronteiras dos Estados Unidos, bem como para dentro do próprio país, verá motivos suficientes para acreditar que haja lugar no mundo de hoje para o segundo tipo de *condottiere*. E o próprio distanciamento do maquiavelismo sociológico não representa pequena contribuição em situações em que os homens são divididos por fanatismos conflitantes que têm uma coisa importante em comum – sua perplexidade ideológica quanto à natureza da sociedade. Ser motivado por necessidades humanas e não por imponentes programas políticos, comprometer-se seletiva e parcimoniosamente e não se consagrar a uma fé totalitária, ser compassivo e cético ao mesmo tempo, procurar compreender sem prevenções – tudo isto constitui possibilidades existenciais da atividade sociológica da maior importância em muitas situações no mundo contemporâneo. Assim, a sociologia pode atingir a dignidade também de relevância política, não porque tenha a oferecer alguma ideologia política própria, mas justamente por não a ter. Sobretudo aqueles que se desencantaram com as mais ardorosas escatologias políticas de nossa época tirarão proveito da sociologia, que lhes indicará possibilidades de engajamento político que não exijam o sacrifício da alma e do senso de humor.

Entretanto, persiste o fato de que nos Estados Unidos a maioria dos sociólogos continua empregada em instituições acadêmicas, sendo provável que essa situação persista no futuro previsível. Por conseguinte, quaisquer reflexões sobre o potencial humanístico da sociologia devem levar em conta o contexto acadêmico em que se situa a maior parte da sociologia americana. A ideia de alguns acadêmicos de que apenas aqueles que recebem seus salários de organizações políticas e econômicas sujam as mãos é absurda, constitui em si mesma uma ideologia que atende à finalidade de legitimar a própria posição dos acadêmicos. Para começar, o sistema de financiamento da pesquisa científica hoje em dia é de tal natureza que o próprio mundo acadêmico acha-se permeado pelos interesses econômicos dessas organizações estranhas. Muito embora haja muitos sociólogos que não participem dos programas governamentais ou industriais (o que deixa a maioria deles contristados), a técnica que os administradores acadêmicos denominam de "liberação de fundos" (também chamada com mais virulência de "método de caixa de charutos") garante que as mais esotéricas atividades eruditas também possam ser nutridas pelos sobejos de tais programas.

Entretanto, mesmo que nos concentremos no processo acadêmico propriamente dito, há pouca justificativa para desdém por parte do sociólogo empregado numa instituição acadêmica. A competição nas universidades é muitas vezes ainda mais selvagem que a de Madison Avenue, quando mais não seja porque sua crueldade é camuflada por cortesias intelectuais e dedicação a idealismo pedagógico. Depois que uma pessoa tenta durante dez anos sair de uma pequena faculdade e ingressar numa das universidades de prestígio, ou quando, numa dessas, tenta também durante dez anos uma promoção a professor-assistente, o impulso humanístico da sociologia terá sofrido pelo menos tanto quanto sofreria sob a égide de funcionários públicos ou industriais. A pessoa escreverá as coisas que têm possibilidade de ser publicadas nos lugares certos, tentará conhecer aqueles que circulam pelas fontes do patrocínio acadêmico, preencherá as lacunas de seu currículo com o mesmo afinco de um jovem executivo e detestará serenamente os colegas e os alunos com a intensidade do encarceramento partilhado. Tanto basta para a presunção acadêmica.

Persiste o fato de que se a sociologia possui um caráter humanístico, esse caráter terá de manifestar-se dentro do meio acadêmico, no mínimo por motivos estatísticos. Julgamos que, apesar dos comentários pouco lisonjeiros que acabamos de fazer, trata-se de uma possibilidade realista. A universidade muito se assemelha à igreja em sua susceptibilidade à sedução pelos poderosos do mundo. Entretanto, os membros das universidades, tanto quanto os eclesiásticos, adquirem um complexo de culpa depois que a sedução se consuma. A velha tradição ocidental da universidade como sede de liberdade e verdade, uma tradição que se conquistou com sangue e com tinta, tende a reafirmar seus valores diante de uma consciência aguilhoada. É dentro dessa persistente tradição acadêmica que o impulso humanístico na sociologia pode encontrar seu espaço vital em nossa situação contemporânea.

É óbvio que existe uma diferença entre os problemas enfrentados com relação a isto num curso de pós-graduação de uma nova geração de sociólogos e os problemas de uma situação de faculdade. No primeiro caso, o problema é relativamente simples. É natural que o autor julgue que a concepção da sociologia aqui exposta deva ter lugar na "formação" de futuros sociólogos. São óbvias as implicações do que foi dito acerca da dimensão humanística da sociologia para currículos de pós-graduação. Não cabe aqui elaborá-las. Bastará dizer que a expansão da aptidão humanística às expensas do profissionalismo tecnológico é o rumo que imaginamos. É evidente que a concepção que uma pessoa tem da sociologia como disciplina determinará seus pontos de vista sobre a maneira como os sociólogos devem ser educados. Entretanto, qualquer que seja essa concepção, ela só será relevante para um pequeno número de estudantes. Nem todos, felizmente, podem tornar-se sociólogos de corpo e alma. Se nosso argumento for aceito, aquele que o faz terá de pagar o preço do desencanto e encontrar seu caminho num mundo que vive de mitos. Já dissemos o quanto basta para indicar a maneira como acreditamos que isto seja possível.

O problema é obviamente diferente numa faculdade. Se um sociólogo leciona em tal situação (a maioria o faz), pouquíssimos de seus alunos passarão a cursos de pós-graduação para estudar seu campo particular. É até provável que pouquíssimos dos formados em sociologia o façam, preferindo trabalhar em assistência social, jornalismo, administração de empresas ou qualquer outra ocupação em que um treinamento sociológico tenha sido considerado útil. Um sociólogo que lecione num estabelecimento médio, contemplando suas turmas de rapazes e moças com os olhos postos desesperadamente na mobilidade social, vendo-os subir com afinco através do sistema de créditos e discutindo notas com pertinácia, compreendendo que pouco lhes importariam que ele, o professor, lhes lesse o catálogo de telefones durante a aula, desde que três horas de crédito lhes fossem acrescentadas na ficha ao fim do semestre – tal sociólogo terá de se perguntar, mais cedo ou mais tarde, que espécie de profissão está exercendo. Até mesmo um sociólogo que lecione numa situação mais refinada, proporcionando um passatempo intelectual a pessoas cujo *status* é coisa preestabelecida e cuja educação constitui antes privilégio que instrumental de tal *status*, poderá perfeitamente vir a perguntar o que a sociologia tem a ver com essa situação. É claro que em universidades estaduais, bem como em estabelecimentos de prestígio sempre haverá alguns poucos estudantes que realmente se interessam, que realmente compreendem, e sempre se poderá lecionar tendo apenas estes em mente. Isto, entretanto, causa frustração a longo prazo, sobretudo se o professor tem dúvidas quanto à utilidade pedagógica daquilo que ensina. E é exatamente essa a pergunta que um sociólogo moralmente sensível deve-se fazer numa faculdade.

O problema de dar aulas a estudantes que frequentam o curso porque necessitam de um diploma para serem contratados pela companhia que escolheram ou porque é isto que se espera deles numa determinada posição social não pertence apenas ao sociólogo; é o problema de todos seus colegas professores de outros campos. Não podemos discorrer longamente sobre ele aqui. Contudo, há um problema especial para o sociólogo, que está relacionado diretamente ao caráter desmistificador, desencantador da sociologia já analisado. Pode-se perguntar com que direito ele apregoa essas perigosas mercadorias intelectuais entre espíritos jovens que, com toda certeza, interpretarão mal e aplicarão mal a perspectiva que ele procura transmitir. Uma coisa é fornecer o tóxico sociológico a estudantes de pós-graduação que já se comprometeram a um vício em tempo integral e que, no decurso de estudo intensivo, podem ser levados a entender as possibilidades terapêuticas que existem naquela substância tóxica. Outra coisa é espalhá-la prodigamente entre aqueles que não terão oportunidade ou inclinação para chegar a esse ponto de compreensão mais profunda. Que direito tem um homem de abalar as convicções profundas de outros? Por que educar os jovens para verem a precariedade de coisas que supunham absolutamente sólidas? Por que submetê-los à sutil erosão do pensamento crítico? Por que, em suma, não deixá-los em paz?

É claro que pelo menos parte da resposta será encontrada na responsabilidade e na habilidade do professor. Ninguém se dirigirá a uma turma de calouros como falaria num seminário de pós-graduados. Outra resposta parcial seria dizer que as estruturas aceitas como óbvias estão por demais arraigadas na consciência para serem facilmente abaladas por, digamos, algumas aulas. Não é tão fácil induzir um "choque cultural". A maior parte das pessoas que não estão preparadas para essa espécie de relativização de sua cosmovisão não se permitirá confrontar as implicações plenamente, e em vez disso as olhará como um interessante jogo intelectual a ser praticado em sua aula de sociologia, da mesma forma como se poderia praticar o jogo de discutir, numa aula de filosofia, se um objeto continua presente quando não se olha para ele. Isto é, a pessoa praticará o jogo sem em nenhum momento duvidar seriamente da validade suprema da perspectiva anterior. Essa resposta parcial também tem seus méritos, mas de modo algum servirá como justificativa para o ensino do sociólogo, pelo menos porque só se aplica na medida em que esse ensino deixa de cumprir sua finalidade.

Julgamos que o ensino da sociologia se justifica na medida em que educação liberal tenha mais que uma mera ligação etimológica com libertação intelectual. Onde não haja essa ideia, onde a educação seja vista em termos puramente técnicos ou profissionais, que a sociologia seja riscada do currículo. Ela só servirá para atrapalhar o curso normal deste currículo, desde, é claro, que a sociologia não tenha sido emasculada de acordo com o *ethos* educacional que prevalece em tais situações. Entretanto, onde educação liberal e libertação intelectual tenham estreita ligação, a sociologia é justificada pela convicção de que é melhor estar consciente do que inconsciente e que a consciência é uma condição de liberdade. A consecução de um maior grau de conscientização – e de liberdade – acarreta um certo sofrimento e até risco. Um processo educacional que evite isto transforma-se em simples treinamento técnico e deixa de ter qualquer relação com o esclarecimento do espírito humano. Julgamos que faça parte de um espírito civilizado em nossa época ter travado contacto com a forma de pensamento crítico peculiarmente moderno e oportuno e que chamamos sociologia. Mesmo aqueles que não encontram nessa atividade intelectual seu próprio demônio particular, como se expressou Weber, tornar-se-ão, através desse contacto, um pouco menos obstinados em seus preconceitos, um pouco mais cuidadosos em seus comprometimentos e um pouco mais céticos em relação aos comprometimentos alheios – e talvez um pouco mais compassivos em suas jornadas através da sociedade.

Voltemos mais uma vez à imagem do teatro de marionetes. Vemos as marionetes dançando no palco minúsculo, movendo-se de um lado para outro levados pelos cordões, seguindo as marcações de seus pequeninos papéis. Aprendemos a compreender a lógica desse teatro e nos encontramos nele. Localizamo-nos na sociedade e assim reconhecemos nossa própria posição, determinada por fios sutis. Por um momento vemo-nos realmente como fantoches. De repente, porém, percebemos uma diferença decisiva entre o teatro de bonecos e nosso próprio drama. Ao contrário dos bonecos, temos a possibilidade de interromper nossos movimentos, olhando para o alto e divisando o mecanismo que nos moveu. Este ato constitui o primeiro passo para a liberdade. E nesse mesmo ato encontramos a justificação definitiva da sociologia como uma disciplina humanística.

Notas bibliográficas

Este livro constituiu um convite para uma certa festa. Ao se fazer tais convites, não se costuma anexar um dossiê completo sobre todas as pessoas que o convidado encontrará. Ainda assim, este convidado desejará saber um pouco mais sobre essas pessoas, ou pelo menos onde poderá descobrir o que quer saber. Seria absurdo terminar este livro com uma enorme bibliografia sobre os vários ramos da sociologia a que fizemos alusão no texto. Entretanto, convém fornecer ao leitor algumas informações bibliográficas, pois talvez o convite o terá interessado a ponto de ele desejar examinar a questão um pouco mais de perto. A finalidade dessas notas bibliográficas consiste simplesmente em sugerir alguns pontos por onde essa investigação poderá começar. Além disso, mencionamos no texto muitos nomes de pessoas sem mais explicação. Estas notas dirão algo mais a respeito dessas pessoas. É óbvio que compete ao leitor determinar até que ponto deseja atender a este convite. Já foi advertido de que tal empresa não deixa de ter seus riscos.

CAPÍTULO 1

A menos que o leitor seja um estudante, e talvez mesmo que o seja, é possível que sinta profunda aversão ao uso de um compêndio para travar contacto com um assunto novo. Muitas vezes essa aversão se justifica plenamente. Contudo, há notáveis exceções. Um texto clássico de sociologia é Robert M. McIver, *Society* (Nova York: Farrar and Rinehart, 1937), ainda digno de ser lido. O leitor que preferir um livro que se concentre em problemas de sua própria sociedade pode examinar Robin M. Williams Jr., *American Society* (Nova York: Alfred A. Knopf, 1951). Entre os compêndios recentes destaca-se, por sua lucidez, Ely Chinoy, *Society* (Nova York: Random House, 1961).

Max Weber (1863-1920) foi um dos gigantes no desenvolvimento da sociologia, com raízes fundas no meio intelectual da Alemanha de seu tempo, mas cuja influência persiste ainda hoje muito além das fronteiras de seu país. A abordagem sociológica de Weber caracteriza-se sobretudo por seu refinamento filosófico, sua sólida base histórica e por seu fantástico âmbito, em termos do número de culturas investigadas em cuidadosas análises. Para uma eloquente exposição da concepção de Weber da sociologia como disciplina científica, o leitor deve ler o ensaio "Science as a Vocation", publicado em tradução inglesa em Edward A. Shils e Henry A. Finch (tradutores e organizadores), *The Methodology of the Social Sciences* (Chicago: Free Press, 1949). No mesmo volume serão encontradas outras formulações importantes da concepção weberiana do método cientifico.

Alfred Schuetz (1899-1959) foi um filósofo da escola fenomenológica que dedicou a maior parte da vida aos fundamentos filosóficos da sociologia como ciência. Nascido na Áustria, deixou esse país após a ocupação pelos nazistas e lecionou até a morte na New School for Social Research, em Nova York. Sua influência sobre os sociólogos contemporâneos ainda é pequena mas certamente crescerá à medida que sua obra se tornar mais acessível. Um editor holandês, Martinus Nijhoff, de Haia, está preparando uma edição em inglês, em três volumes, de sua obra.

CAPÍTULO 2

Uma exposição concisa da concepção de Albert Salomon das origens históricas da sociologia na França pode ser encontrada em seu livro *The Tyranny in Progress* (Nova York: Noonday Press, 1955). Paul Radin foi um antropólogo americano, autor de inúmeras obras sobre a sociedade primitiva. Um ponto de partida para se conhecer sua obra seria *Primitive Man as Philosopher* (Nova York: D. Appleton and Co., 1927). Obra definitiva sobre a história do pensamento social, inclusive a sociologia, é Howard Becker e Harry E. Barnes, *Social Thought from Lore to Science* (Washington, D.C.: Harren Press, 1952). Uma introdução mais sucinta ao desenvolvimento do pensamento sociológico propriamente dito é Nicholas S. Timasheff, *Sociological Theory* (Garden City, N.Y.: Doubleday and Co., 1955).

Entre as obras mencionadas em conexão com a propensão da sociologia para procurar os "podres" da sociedade, talvez o leitor deseje examinar *Community Power Structure* (Chapel Hill: University of North Carolina Press, 1953). Com referência à relação entre a organização denominacional protestante e a burocracia, talvez lhe convenha ler Paul M. Harrison, *Authority and Power in the Free Church Tradition* (Princeton: Princeton University Press, 1959).

O livro *The Protestant Ethic and the Spirit of Capitalism*, de Weber, é uma das obras mais importantes jamais publicadas no campo da sociologia. Não só teve influência decisiva sobre o desenvolvimento da própria sociologia, como também afetou bastante os historiadores empenhados nas relações entre a história econômica e cultural no moderno Ocidente. Quanto à última questão, a tese de Weber sobre o protestantismo e o capitalismo tem constituído importante elemento da crítica ao determinismo econômico marxista. Publicada originalmente na Alemanha, em 1905, a obra foi publicada em inglês em 1950 por George Alien and Unwin, Londres, e Charles Scribner's Sons, Nova York. Scribner's publicou uma edição em brochura em 1958.

Émile Durkheim (1858-1917) foi o mais importante sociólogo francês do período formativo da disciplina. Em torno da publicação *Année sociologique*, reuniu grande número de discípulos, trabalhando em vários setores das ciências sociais, e que continuaram as pesquisas após sua morte. A sociologia de Durkheim situa-se na tradição do positivismo comtiano, caracteriza-se por sua ênfase na qualidade não subjetiva dos fenômenos sociais, na utilização pioneira de dados estatísticos, sua estreita ligação com o trabalho etnológico e sua afinidade ideológica com o *ethos* do republicanismo francês. Uma lúcida visão da concepção durkheimiana da sociologia pode ser obtida através de sua obra programática *The Rules of Sociological Method* (Chicago: Free Press, 1950).

Robert K. Merton, da Universidade de Colúmbia, representa, juntamente com Talcott Parsons, de Harvard, o mais destacado teórico da sociologia americana contemporânea. A análise de Merton sobre as funções "manifesta" e "latente", bem como outras exposições importantes do que ele considera ser a abordagem funcionalista da sociedade, será encontrada em seu livro *Social Theory and Social Structure* (Chicago: The Free Press of Glencoe, 1957).

O conceito de ideologia foi criado pelo filósofo francês Destutt de Tracy e usado num sentido sociológico mais estrito por Marx. Na sociologia subsequente, entretanto, o conceito foi bastante modificado em relação a seu protótipo marxista. Vilfredo Pareto (1848-1923), cientista social italiano que lecionou muitos anos na Suíça, destaca-se pela construção de um sistema sociológico baseado essencialmente num conceito de ideologia. As principais obras de Pareto foram publicadas em inglês, em quatro volumes, sob o título de *The Mind and Society* (Nova York: Harcourt, Brace and Co., 1935), cerebralização bastante densa, mas que merece o esforço de um leitor corajoso. A obra de Pareto foi apresentada aos sociólogos americanos por Talcott Parsons em *The Structure of Social Action* (Chicago: Free Press, 1949). O leitor que não se dispuser a mergulhar na prosa exuberante de Pareto encontrará uma análise concisa de suas ideias mais importantes nesse livro de Parsons. A aplicação mais importante do conceito de ideologia na sociologia contemporânea é encontrada na chamada sociologia do conhecimento, à qual nos referimos no capítulo 5 deste livro. A obra básica com relação a este ponto é Karl Mannheim, *Ideology and Utopia*, publicado em brochura por Harcourt, Brace and Co., Nova York, em 1955.

Thorsthein Veblen (1857-1929) foi uma das figuras mais pitorescas da fase inicial da sociologia americana. Sua abordagem sociológica caracteriza-se por sua impiedosa orientação desmistificadora, sua ênfase nos fatores econômicos para o desenvolvimento social e uma forte afinidade com os críticos radicais da sociedade capitalista. *The Theory of the Leisure Class* (Nova York: Modern Library, 1934), originalmente uma análise das classes superiores americanas, tornou-se a obra de Veblen que maior influência exerceu sobre a teoria sociológica geral. *The Higher Learning in America* (Nova York: B.W. Huebsch, 1918) é um dos tratados sociológicos mais contundentes jamais escritos, destilando virulência em cada página, e constitui testemunho eloquente da decepção de Veblen com a vida universitária americana. Ambos estão publicados em brochura.

A chamada "Escola de Chicago" foi um movimento de sociólogos, agrupados em torno de Robert Park, na Universidade de Chicago, que produziu grande número de estudos sobre a sociedade urbana na década de 20. O grupo ainda hoje influencia a sociologia urbana, os estudos de comunidades e a análise sociológica das ocupações. Uma boa análise da atitude de Park em relação à sociologia pode ser encontrada em Maurice R. Stein, *The Eclipse of Community* (Princeton: Princeton University Press, 1960). Os mais famosos estudos de comunidades americanas são as duas investigações sobre a vida e os costumes de Muncie, Indiana, realizadas por Robert S. e Helen Lynd, pouco antes e pouco depois da Grande Depressão – *Middletown* (Nova York: Harcourt, Brace and Co., 1929) e *Middletown in Transition* (Nova York: Harcourt, Brace and Co., 1937). Um digno produto da resoluta disposição de Lynd de olhar por baixo do verniz da ideologia comunitária é Arthur J. Vidich e Joseph Bensman, *Small Town in Mass Society* (Princeton: Princeton University Press, 1958; edição em brochura de Doubleday Anchor Books, 1960), contundente exame do avesso da estrutura social de uma comunidade rural de Nova York.

Daniel Lerner leciona sociologia no Massachusetts Institute of Technology. A obra que escreveu em colaboração com Lucille W. Fevsner, *The Passing of Traditional Society* (Chicago: The Free Press of Glencoe, 1958), não só proporciona excelente visão sociológica dos fatos contemporâneos no Oriente Médio, como também tem uma importância mais geral ao expor a teoria de que o espírito moderno só agora começa a emergir de padrões tradicionais mais antigos.

CAPÍTULO 3

Ao autor deste livro cabe a responsabilidade da maior parte das ideias contidas nesse excurso. Contudo, sua visão desses problemas foi fortemente influenciada pelo ensino de Alfred Schuetz e por algumas ideias de Maurice Halbwachs.

CAPÍTULO 4

É enorme o número de obras sobre estratificação na sociologia contemporânea. O leitor interessado poderá começar por uma antologia – Reinhard Bendix e Seymour M. Lipset, *Class, Status and Power* (Chicago: Free Press, 1953). Uma exposição concisa de vários problemas de estratificação pode ser encontrada em Kurt B. Mayer, *Class and Society* (Garden City, N.Y.: Doubleday, 1955).

William I. Thomas foi um sociólogo americano que, em colaboração com Florjan Znaniecki, escreveu o gigantesco estudo de imigração intitulado *The Polish Peasant in Europe and America*, cuja primeira parte foi publicada em 1919 (Boston: Richard G. Badger). Muitas das contribuições de Thomas para a teoria sociológica são encontradas em notas de rodapé e apêndices a essa obra monumental, lugar delicioso, embora nem sempre conveniente, para tais contribuições. Este estudo, diga-se de passagem, marcou o início de um período fundamentalmente empírico na sociologia americana (cuja estreiteza não pode ser imputada a Thomas ou a Znaniecki).

Arnold Gehlen é um cientista social e filósofo alemão contemporâneo. Juntamente com Helmut Schelsky, teve influência no renascimento da sociologia na Alemanha, depois da Segunda Guerra Mundial. Ao que eu saiba, nenhuma de suas obras foi traduzida para o inglês.

CAPÍTULO 5

Charles Horton Cooley foi um dos primeiros sociólogos americanos, de tendência teórica e fortemente influenciado pelo pensamento europeu. Sua obra mais importante é *Human Nature and the Social Order* (Nova York: Charles Scribner's Sons, 1922). George Herbert Mead terá sido, provavelmente, a figura mais importante no desenvolvimento da psicologia social americana. Lecionou durante vários anos na Universidade de Chicago e sua obra capital foi publicada pouco depois de sua morte – *Mind, Self and Society* (Chicago: University of Chicago Press, 1934). A obra de Mead é pesada, mas essencial para a compreensão dos fundamentos da teoria do papel. Para exposições recentes da teoria do papel e de suas implicações mais gerais, o leitor deve recorrer às seguintes obras: Hans H. Gerth e C. Wright Mills, *Character and Social Structure* (Nova York: Harcourt, Brace and Co., 1953);

Erving Goffman, *The Presentation of Self in Everyday Life* (Garden City, N.Y.: Doubleday Anchor, 1959); Anselm L. Strauss, *Mirrors and Masks* (Nova York: The Free Press of Glencoe, 1959). A interessantíssima análise das pressões da terapia de grupo, feita por Goffman, será encontrada em seu livro *Asylums* (Garden City, N.Y.: Doubleday Anchor, 1961).

Max Scheler foi um filósofo alemão, também profundamente influenciado pela fenomenologia, que elaborou a ideia da sociologia do conhecimento (por ele chamada de *Wissenssoziologie*) na década de 20. Embora algumas de suas obras já estejam traduzidas para o inglês, não é o caso das mais importantes com relação a esse ponto. Karl Mannheim foi um sociólogo profundamente influenciado por Scheler. Sua obra mais importante, *Ideology and Utopia*, já mencionada acima, foi publicada na Alemanha. Mannheim deixou a Alemanha pela Inglaterra pouco depois da ascensão do nazismo, e lá também influenciou bastante o estudo da sociologia. O leitor encontrará uma excelente introdução à sociologia do conhecimento na obra de Robert Merton já citada. Um tratamento mais amplo pode ser encontrado em Werner Stark, *The Sociology of Knowledge* (Chicago: The Free Press of Glencoe, 1958).

Helmut Schelsky, da Universidade de Munster, escreveu vários artigos sobre a consciência religiosa do homem moderno, os quais não só despertaram o interesse dos cientistas sociais como causaram indignação nos círculos teológicos da Alemanha. Infelizmente, não estão traduzidos para o inglês. Thomas Luckmann é outro autor de uma obra interessante sobre o mesmo tema.

Talcott Parsons, de Harvard, tornou-se o fundador da mais importante escola de teoria sociológica dos Estados Unidos. Parsons procurou integrar as teorias clássicas da sociologia europeia com as abordagens teóricas de outras ciências sociais, sobretudo da antropologia, da psicologia e da economia. O sistema de Parsons, que passou a ser conhecido como a "teoria da ação", é objeto de atenção e debates generalizados na sociologia americana. Parsons tem escrito copiosamente, mas a síntese mais concisa de seu sistema pode ser encontrada em seu livro *The Social System* (Chicago: Free Press, 1951).

Uma excelente introdução à teoria do grupo de referência e às suas implicações sociológicas mais amplas será encontrada na obra de Merton a que já nos referimos. A maior aproximação à concepção da teoria do grupo de referência como um elo entre a teoria do papel e a sociologia do conhecimento, sugerida pelo autor deste livro, pode ser encontrada num artigo de T. Shibutani, "Reference Groups as Perspectives", publicado em *American Journal of Sociology*, em 1955.

CAPÍTULO 6

Uma das melhores introduções aos problemas metodológicos da atividade sociológica é Felix Kaufmann, *Methodology of the Social Sciences* (Nova York: Oxford University Press, 1944). A análise que Parson faz da relação entre a sociologia weberiana e a durkheimiana pode ser encontrada em *The Structure of Social Action*, já mencionado.

Parte das obras de Weber sobre o carisma pode ser encontrada em Hans H. Gerth e C. Wright Mills (tradutores e organizadores), *From Max Weber* (Nova York: Oxford University Press/Galaxy Book, 1958). A obra de Carl Meyer sobre seitas religiosas, publicada na Alemanha no começo da década de 30, não foi traduzida em inglês.

A interpretação de Goffman sobre o destino dos "internos" aparece em *Asylums*, já mencionado. Seu conceito de "distanciamento do papel" foi mais elaborado em seu livro *Encounters* (Indianápolis: Bobbs-Merrill, 1961).

Georg Simmel (1858-1918) foi outro sociólogo alemão clássico. Sua abordagem sociológica caracteriza-se por fortes interesses filosóficos aliados com um escopo universal em suas análises de vários problemas sociológicos. Simmel tem sido considerado o fundador da chamada abordagem formalista da sociologia, mantida na Alemanha, depois de sua morte, por Leopold von Wiese e outros. A melhor antologia dos trabalhos de Simmel, em inglês, é Kurt H. Wolff, *The Sociology of Georg Simmel* (Chicago: Free Press, 1950). Nesse mesmo volume encontra-se a teoria da sociabilidade de Simmel.

Uma tradução da interessante obra de Johan Huizinga *Homo ludens* foi publicada em brochura pela Beacon Press, Boston, em 1955. Maurice Natanson, antigo aluno de Alfred Schuetz, leciona filosofia na Universidade de Noth Carolina. Há uma coleção de seus artigos – *Literatura, Philosophy and the Social Sciences* (Haia: Nijhoff, 1962).

CAPÍTULO 7

O livro de minha autoria a que fiz referência no texto é *The Precarious Vision* (Garden City, N.Y.: Doubleday and Co., 1961). Além de investigar as implicações do pensamento sociológico do ponto de vista da fé cristã, o livro desenvolve ainda alguns dos problemas éticos abordados nesse excurso, sobretudo na medida em que se relacionam à sociologia da religião.

CAPÍTULO 8

Para discussões importantes do papel da sociologia como disciplina científica no mundo moderno, o leitor pode recorrer a Robert S. Lynd, *Knowledge for What?* (Princeton: Princeton University Press, 1939) e a Florjan Znaniecki, *The Social Role of the Man of Knowledge* (Nova York: Columbia University Press, 1940). Uma exposição recente do mesmo assunto, e que se aproxima bastante do ponto de vista aqui apresentado (embora provavelmente não chegue a agrupar a sociologia entre as humanidades) pode ser encontrada em Edward A. Shils, "The Calling of Sociology". In: Talcott Parsons e outros, *Theories of Society* (Nova York: The Free Press of Glencoe, 1961).

Conecte-se conosco:

f facebook.com/editoravozes

◉ @editoravozes

𝕏 @editora_vozes

▶ youtube.com/editoravozes

◉ +55 24.2233-9033

www.vozes.com.br

Conheça nossas lojas:

www.livrariavozes.com.br

Belo Horizonte – Brasília – Campinas – Cuiabá – Curitiba
Fortaleza – Juiz de Fora – Petrópolis – Recife – São Paulo

  Vozes de Bolso

EDITORA VOZES LTDA.
Rua Frei Luís, 100 – Centro – Cep 25689-900 – Petrópolis, RJ
Tel.: (24) 2233-9000 – E-mail: vendas@vozes.com.br